AF389949

MADAME SWETCHINE.

QUELQUES

FEMMES AUTEURS

DU XIXe SIÈCLE

PAR MADAME BOURDON

LIBRAIRIE DE J. LEFORT

IMPRIMEUR ÉDITEUR

<table>
<tr><td>LILLE</td><td>PARIS</td></tr>
<tr><td>rue Charles de Muyssart</td><td>rue des Saints-Pères, 30</td></tr>
<tr><td>PRÈS L'ÉGLISE NOTRE-DAME</td><td>J. MOLLIE, LIBRAIRE-GÉRANT</td></tr>
</table>

Propriété et droit de traduction réservés

1867

FEMMES AUTEURS

DU XIXe SIÈCLE

MADAME LEPRINCE DE BEAUMONT

L'auteur qui a charmé l'enfance de nos mères mérite bien d'occuper une petite place dans cette galerie que nous consacrons aux femmes qui, depuis un siècle, ont illustré la littérature française. Peut-être, à côté des noms éclatants de Mme de Staël, de Mme de Krudner, celui de Mme Leprince de Beaumont fera-t-il l'effet d'un de ces pastels quelque peu effacés par le temps ; mais les portraits qui rappellent un doux souvenir ne sont-ils pas revus parfois avec plus de plaisir que n'en inspirent de superbes tableaux ? et quel meilleur souvenir que celui de l'enfance, des récits que l'on a écoutés sur les genoux de sa mère, ou des premières lectures qu'on a faites, seul, dans le premier livre confié à nos mains ? C'est une époque dans l'histoire de notre intelligence que le premier livre ; or, pour combien d'entre nous *le Magasin des enfants* n'a-t-il pas été la première connaissance littéraire, et *le Prince chéri*, *Fatal et Fortuné*, *la Belle et la Bête*, les premiers drames qui aient ému notre jeune imagination ?

Mme Leprince de Beaumont naquit à Rouen, en 1711. Elle avait un frère, Jean Leprince, bon peintre de paysage et habile musicien, qui voulut tenter la fortune en Russie. Il s'embarqua, mais son vaisseau fut

pris par des corsaires anglais : il les charma
par les accords de son violon, et parvenu,
grâce à leur clémence, au terme de son
voyage, il aurait amassé quelques richesses,
si le désir de revoir la France n'eût inter-
rompu sa fortune naissante. Sa sœur s'expa-
tria aussi, et passa dix-sept ans en Angleterre,
en qualité d'institutrice, et l'on voit dans
ses ouvrages que *Madame Bonne* connaissait
bien les manières et les habitudes de la haute
société anglaise de cette époque. Elle épousa,
en 1745, M. de Beaumont. Son mari était à
tous égards indigne d'elle; un vice de forme
rompit ces tristes nœuds, et devenue veuve,
elle épousa en secondes noces M. Thomas
Pichon, dont elle eut six enfants. Tous ses
ouvrages sont signés du nom de son premier mari, et c'est sous ce nom, qu'elle
ne devait pas aimer, qu'elle est allée à la
postérité.

Les talents de Mme de Beaumont pour
l'éducation étaient si connus, que les familles

les plus distinguées voulaient lui confier le soin de leurs filles; elle s'y refusa constamment, préférant à des engagements étrangers le soin de ses propres enfants; et après une vie agitée et laborieuse, elle acheta, près d'Annecy en Savoie, un manoir nommé Chavanod, et s'y fixa avec son mari et sa famille. Là elle s'occupa de travaux agricoles et de compositions littéraires. Elle y mourut en 1780, âgée de soixante-dix ans, ayant produit soixante-dix volumes.

Ce qui distingue les écrits de Mme de Beaumont, c'est le sentiment religieux dont ils sont partout empreints, et qui assure à leur auteur une place respectable parmi ceux qui, au XVIIIe siècle, ont défendu la foi contre les attaques des impies. Tous ses livres respirent une morale sévère, appuyée sur les principes du christianisme; mais l'austérité de ses principes est agréablement voilée sous les charmes d'une imagination vive et souple. Elle avait l'invention féconde, et racontait avec grâce, quoique d'un style négligé. Les dialogues, si répandus dans ses ouvrages, sont naturels, faciles, et elle a bien soutenu le caractère de ses personnages, auxquels elle n'avait pas craint de donner des noms significatifs, tels que lady Sensée, lady Violente, miss Champêtre, lady Tempête, etc., etc. Ces conversations de Mme Bonne avec ses élèves sont amusantes; cependant Mme de Genlis, qui a tant écrit sur l'éducation, a fait observer que les enfants de son temps, à qui on donnait *le Magasin des enfants*, sautaient invariablement les dialogues pour arriver aux contes, ce qui donnerait au livre une double destination : le dialogue, pour apprendre à l'institutrice à converser avec ses écolières; les histoires, pour occuper les enfants.

Mme de Beaumont a publié : — *les Américaines, ou Preuves de la religion chrétienne par les lumières naturelles*, ouvrage qui ne manque ni d'intérêt ni de mouvement; — *les Lettres de la marquise de*

Moutier à sa fille, que l'on a comparées parfois aux célèbres Avis de la marquise de Lambert; — *Emérance et Lucie*, roman par lettres; — *Civan, roi de Bungo*, histoire japonaise; — *le Magasin des enfants*, qui a eu tant d'éditions, qui a instruit et amusé plusieurs générations enfantines; — *le Magasin des adolescentes*, — *le Magasin des jeunes dames*, — *le Magasin des pauvres*, et *le Magasin des dévotes*.

Ces ouvrages, dont le titre est emprunté aux *Magazines* de l'Angleterre, ont, sous leur forme vieillie, bien des choses remarquables. Destinés à l'éducation, ils renferment deux parts : l'instruction et la morale. L'instruction y est offerte avec goût, avec agrément; l'histoire sainte, l'histoire romaine sont racontées avec une simplicité qui attache, et avec des détails heureusement choisis qui se gravent dans la mémoire; la morale y est mise en action par le jeu des caractères des jeunes filles qui entourent l'institutrice, et par les anecdotes qu'elle leur raconte avec une grâce naïve où l'art ne se fait pas sentir. Ses livres pour les ouvriers sont pleins de vues sages et utiles; *le Magasin des pauvres*, édité sous le titre de *Trésor des familles chrétiennes*, *Trésor des pauvres, artisans et gens de la campagne*, a été beaucoup lu et souvent réimprimé ; un de ses contes de fées, *la Belle et la Bête*, porté au théâtre, mis en musique par Grétry, a eu un succès prodigieux sous le titre de *Zémire et Azor*. Elle se distingue de son contemporain Berquin par une religion précise et une morale qui n'est pas fondée seulement sur les instincts naturels ; elle montre dans ses contes et ses apologues autant d'imagination que Mme d'Aulnoy, et une tendance sérieuse, même sous le voile de l'allégorie, qui la rend, plus que sa rivale, digne de coopérer à la grande œuvre de l'éducation. Elle-même, du reste, a développé avec clarté ses vues sages dans l'avertissement

qui précède le *Magasin des adolescentes*.
« L'éducation, dit-elle, ne consiste ni dans
l'acquisition ni dans la culture des talents,
ni dans l'arrangement extérieur : cependant
c'est à cela qu'on borne les meilleures. Il
faut penser à former dans une fille de quinze
ans une femme chrétienne, une épouse aimable, une mère tendre, une économe atten-
tive, un membre de la société, qui puisse
en augmenter l'utilité et l'agrément. Répé-
tons-le encore : que de temps, que de soins,
que de peines et de talents requiert un pareil
travail ! La plus grande application, l'expérience la plus consommée y suffisent à
peine. » Elle se plaint de ne pas trouver de
mères à la hauteur de leur tâche, et vivant
en Angleterre, au milieu du grand monde, à
une époque où la cour offrait le triste spec-
tacle de mœurs déréglées et de divisions intes-
tines, elle pouvait avoir raison ; mais de nos
jours, en France, ce reproche ne serait pas
aussi applicable. Les mères, les mères chré-

tiennes surtout, aussi tendres que sérieuses, sont en grand nombre; et si la société se régénère, si le germe de foi, qui n'est pas étouffé, jette encore de vives lueurs, c'est aux mères qu'on le doit; on le doit à cette éducation du foyer, qui conserve et qui ranime les précieux sentiments de la piété et de la vertu. De notre temps, Mme Leprince de Beaumont ne serait qu'une aide; en ce temps-là, elle était un guide. Quoi qu'il en soit, elle a atteint le but qu'elle paraît s'être proposé dans ses ouvrages, elle a fait du bien, et si elle n'a pas obtenu la gloire que donnent les talents supérieurs, le feu du talent, la magie du style et le don créateur, elle a emporté au tombeau la consolation d'avoir été douce et agréable à l'enfance qu'elle aimait, utile aux pauvres, fidèle à la religion, de n'avoir pas écrit une ligne qui pût nuire et qui, à la dernière heure, lui devînt un sujet de remords. Sa vie fut sans tache, et sa plume sans poison. N'est-ce pas assez; et une femme doit-elle ambitionner quelque chose de plus?...

Une autre femme auteur et poëte, Mme Briquet, a consacré, dans son *Dictionnaire des Françaises*, un article des plus détaillés à l'aimable auteur qui nous occupe.

Les ouvrages de Mme Leprince de Beaumont ont été réimprimés même de notre temps; Mme Eugénie Foa avait revu une nouvelle édition illustrée du *Magasin des enfants*, en y faisant plusieurs additions heureuses et les changements nécessités par l'état actuel des sciences, principalement en ce qui concerne la géographie politique. Peu d'ouvrages d'éducation ont obtenu un si long succès.

Ses livres de piété eussent été peut-être appelés à la même fortune, si une main amie en eût fait disparaître certaines imperfections. Des abstractions systématiques l'éloignaient un peu trop des routes qui lui étaient familières. C'est ce que remarquait

le rédacteur de la Notice que la grande
Encyclopédie catholique a publiée, il y a dix
ans, sur Mme Leprince de Beaumont. Si elle
ne brille pas dans le cortége des apologistes,
plus d'un autre titre flatteur encore lui reste
à jamais acquis.

MADAME DE GENLIS

Nous ne manquons pas de documents sur la vie de Mme de Genlis. Elle a pris soin de nous léguer, en dix volumes, une auto-biographie qui embrasse, dans les plus intimes détails, presque toute sa longue carrière. Cette biographie est-elle bien exacte? Mme de Genlis a-t-elle révélé la vérité, toute la vérité et rien que la vérité ; sur les différents actes de sa vie? C'est ce que nous n'examinerons pas. Nous indiquerons en peu de mots son histoire ; nous tâcherons d'apprécier le caractère de son talent, en laissant aux morts ce qu'ils ont le droit d'attendre de nous : la paix.

Elle était fille du marquis du Crest Saint-Aubin, gentilhomme bourguignon, descendant d'une famille très-noble et très-pauvre. Elle nous a laissé sur son enfance, sur le chapitre des chanoinesses dont elle fit partie, sur ses jeux et ses études, des détails amusants et curieux, qui font bien connaître la facile bonhomie de la société d'autrefois. L'éducation que recevait cette jeune fille semblait faite exprès pour mettre en œuvre ses dispositions romanesques, son goût pour l'intrigue et pour l'invraisemblable. Elle se peint, vêtue d'un habit d'*Amour*, qu'elle portait, non-seulement au théâtre, mais aux champs et à la ville, apprenant à tirer de l'arc, à manier l'épée, à jouer de toute sorte d'instruments ; on la voit prenant part à tous les divertissements, lisant, courant, jasant, jouant, sans que jamais une surveillance maternelle ait guidé ces écarts imprudents de son imagination. Amenée à Paris, son talent musical s'y fit remarquer, et elle se trouva dans la position difficile d'une jeune fille très-noble, très-jolie, sans fortune, que tous recherchaient et que nul ne protégeait. Avant elle, une autre jeune fille, que signalaient aussi la naissance et la beauté, avait passé par les mêmes épreuves, et Françoise d'Aubigné s'était trouvée heureuse d'accepter la main d'un pauvre infirme, de Scarron. Félicie du Crest sembla plus favorisée : un brillant jeune homme la rechercha en mariage et l'épousa, et combien est grande cependant la différence entre la destinée de la marquise de Maintenon et celle de la comtesse de Genlis ! L'une, en suivant sa noble devise, *rectè*, est arrivée à la réputation la plus irréprochable et à une destinée digne de sa vertu ; l'autre, n'écoutant que la vanité et les caprices romanesques, a gâté son sort, s'est isolée, femme, de son mari, mère, de ses enfants, et s'est attiré les plus cruelles attaques, les plus accablantes calomnies. Elle s'est jugée elle-même par ce mot profond

que l'on trouve dans un de ses ouvrages :
« Il est bien peu de nos malheurs dont nous
ne devions demander pardon à Dieu ! »

Introduite par son mari dans la société la
plus brillante de cette époque, elle devint
bientôt, au Palais-Royal, dans la famille
d'Orléans, le centre autour duquel tout rayonnait. Son talent merveilleux sur la harpe, son
instruction solide, ses grâces inspirèrent à
la duchesse de Chartres la pensée de lui confier l'éducation de sa fille, la princesse Adélaïde. Mme de Genlis accepta cet emploi, et,
comme elle aimait les choses extraordinaires,
elle demanda à être également chargée de
l'éducation des jeunes princes. Le duc de
Chartres soumit cette idée à Louis XVI, qui
se mit à rire, et dit qu'il n'y voyait aucun
inconvénient. Mme de Genlis s'acquitta de
cette tâche avec un certain talent ; ses élèves
lui durent des connaissances utiles ; elle les
éleva durement, elle leur donna le goût de
l'étude et du travail ; et cette œuvre lui eût

fait grand honneur, si l'institutrice n'avait trop oublié qu'elle était, avant tout, femme et mère. On la voit, afin de poursuivre cette tâche qui flattait son orgueil, refuser de revenir auprès de son mari qui la rappelait; on la voit, aux premiers jours de la révolution française, fuyant de France avec la princesse Adélaïde, et laissant au milieu de l'orage son malheureux mari, qui paya de sa tête le vote courageux qu'il avait émis en faveur de Louis XVI. Elle-même, dans un ouvrage peu connu, *les Parvenus*, a peint le profond regret que lui inspirèrent ses fautes et ses erreurs.

Isolée des siens, Mme de Genlis erra longtemps en Allemagne; elle vécut de ses talents, et ne revint en France que sous le consulat. Napoléon, touché de la situation de cette femme qui avait occupé un rang si élevé, lui accorda une pension et un logement à l'Arsenal. C'est là qu'un de ses biographes l'a vue « assise devant une table de sapin noircie par le temps et par l'usage. Cette table offrait le bizarre assemblage d'une foule d'objets en désordre. On y voyait, pêle-mêle, des brosses à dents, un tour de cheveux, deux pots de confiture entamés, des coquilles d'œufs, des peignes, un petit pain, de la pommade, un demi-rouleau de sirop de capillaire, un reste de café au lait dans une tasse ébréchée, des fers propres à gaufrer des fleurs en papier, un bout de chandelle, une guirlande commencée à l'aquarelle, un peu de fromage de Brie, un encrier en plomb, deux volumes bien gras, et deux carrés de papier sur lesquels étaient griffonnés des vers. » C'est là, au milieu de cet affreux désordre, qu'elle recevait ses amis avec le ton d'une dame de l'ancienne cour et une amabilité qui faisait penser à sa position d'autrefois. Elle était déjà vieille à son retour de l'émigration, et elle vécut encore longtemps, jusqu'en 1830 ; elle quitta le monde obscurément, et le faible bruit de sa mort se perdit dans celui de nos troubles politiques.

Mme de Genlis a énormément écrit. Son début fut heureux : elle publia, en plusieurs volumes, un *Théâtre de société* et un *Théâtre d'éducation*, où se trouvent de fort jolies choses ; un but moral, de l'esprit dans le dialogue rendent ces petites pièces fort intéressantes. Elles obtinrent un succès extrême, et le prévôt des marchands de Paris écrivit à l'auteur pour la remercier d'avoir pensé aux classes ouvrières en publiant plusieurs drames dont le sujet était pris dans les mœurs populaires. Mme de Genlis, ainsi encouragée, publia *Adèle et Théodore*. Ce roman d'éducation atteste de sérieuses études, et contient des appréciations fines et spirituelles sur les enfants, leurs défauts, et les moyens que l'on peut employer pour les instruire et les corriger. Cependant cet ouvrage où Rousseau et ses absurdes systèmes n'étaient pas flattés, excita un *tolle* général chez les philosophes, et Mme de Genlis dut se défendre contre les critiques acerbes de ceux qui l'encensaient jadis. Elle subit ces attaques avec fierté et sans se départir de sa ligne de conduite ; et toujours, dans un temps fécond en vicissitudes, sa plume demeura fidèle aux principes de la morale et de la foi : c'est là sa gloire, et la courageuse constance de l'auteur fait excuser les torts de la femme. Les *Contes moraux*, les *Veillées du château*, les *Petits Emigrés* eurent un grand succès ; quelques-uns de ses romans, *Mademoiselle de la Fayette*, *Mademoiselle de Clermont*, *Madame de la Vallière*, furent l'engouement du jour ; pourtant, nous préférerions, à ces œuvres historiques un peu ternes, trois romans de Mme de Genlis, destinés à exprimer une vérité morale, et où l'on trouve une remarquable analyse des secrets du cœur. Le premier de ces romans est *le Siége de la Rochelle*, peinture noble et touchante de la félicité que peut goûter une âme innocente au milieu des épreuves les plus redoutables, des plus affreuses calomnies et jusqu'au pied de l'échafaud. *Les Mères rivales* expriment une idée à peu près semblable, et montrent la force du devoir et des affections légitimes parmi les orages de la vie. Le troisième, au contraire, *Palmyre et Flaminie*, révèle les secrètes douleurs d'un coupable qui gémit sous une réputation et des honneurs usurpés. L'idée des injustices humaines, soit en bien, soit en mal, paraît avoir poursuivi Mme de Genlis : on croit voir là une révélation de sa pensée la plus intime.

On peut reprocher à Mme de Genlis l'abus des conceptions romanesques, une sensiblerie fade et de mauvais goût, un style lâche, hérissé d'épithètes ; mais, à côté de ces défauts, on rencontre fréquemment de l'esprit, des idées élevées et toujours un profond respect pour la religion et la vertu. Son âme comprenait le beau et le bien, mais son imagination déréglée l'a fait dévier de la bonne route. Ses écrits, comme sa vie, ont offert un mélange de bien et de mal, de belles entreprises mal exécutées; et souvent, trompée par le mirage, elle a abandonné le bien véritable, la vertu, le beau véritable, le naturel, pour ce qui n'en était que l'ombre. Ses contemporains furent sévères pour elle; la postérité lui accorde une indulgence qui ressemble à l'oubli.

MADAME DE STAËL

Depuis le XVII° siècle, depuis l'époque qui vit fleurir à la fois Mme de la Fayette, Mme de Sévigné, Mme de Maintenon, les femmes n'avaient guère brillé dans les lettres françaises ; quelques jolis vers, quelques pâles romans avaient signalé la présence de Mme de Tencin, de Mme Riccobini, de Mme de Graffigny ; mais aucun de ces écrits destinés à vivre, à faire époque, à tracer dans les flots du temps un sillon durable, n'était sorti d'une plume féminine, lorsque, peu d'années avant la révolution, les ouvrages d'une jeune femme attirèrent l'attention du public lettré, et bientôt de tout ce public que les événements littéraires captivent.

Anne-Louise-Germaine Necker naquit à Paris le 22 avril 1766. Son père, d'origine génevoise, s'était fait un nom dans les finances, et sa mère en possédait un dans les lettres. Tous les deux s'occupaient avec ardeur de cette enfant dont l'intelligence se montrait pleine de promesses; mais sa mère voulait diriger ses facultés vers les sciences positives, et son père donnait au contraire un libre essor à l'imagination et aux grâces de l'esprit.

L'enfance n'exista pas pour Mlle Necker; son âme ardente devançait les années. « Elle a toujours été jeune et n'a jamais été enfant, » disait une personne qui l'a bien connue. Ses jouets étaient des livres; ses jeux des représentations de tragédies et de drames qu'elle composait avec une facilité singulière et qu'elle jouait avec ses jeunes amies; ses délassements, c'était d'assister aux conversations des personnes distinguées qui se réunissaient chez sa mère. Une éducation plus retirée et plus sévère, sans étouffer ses rares facultés, leur eût donné un but plus utile et un essor plus élevé. Ce qui a manqué à Mme de Staël, à son talent comme à son caractère, ce sont ces premiers principes du christianisme qui épurent le génie et grandissent la vertu.

On conçoit que, vivant dans une atmosphère toute littéraire, stimulée par des suffrages flatteurs, excitée par l'exemple de sa mère, par l'approbation tacite de son père, Mlle Necker ait écrit de bonne heure. Un irrésistible attrait la forçait à répandre sur le papier ses pensées et les sentiments dont son âme était remplie, et, comme l'a remarqué sa cousine, Mme Necker de Saussure, elle ne réfléchissait pas pour écrire, elle écrivait parce qu'elle avait réfléchi. Nous parlerons plus tard de ses écrits, ceux de l'adolescence, ceux de la jeunesse, ceux de l'âge mûr, qui tous montrent les transformations que subit son esprit et le perfectionnement que le temps et l'expérience apportèrent à son talent.

On se représente assez bien Mlle Necker dans cette première période de son existence, ne vivant que par l'intelligence, pleine d'enthousiasme, éprouvant pour son père un sentiment d'amour exalté que la voix publique semblait ratifier; car M. Necker venait d'être appelé au ministère; il était applaudi, porté aux nues. Elle était vive, aimable, éloquente, plus semblable à une pythonisse qu'à une muse, et l'on conçoit qu'il fût difficile de lui choisir un mari. Le baron de Staël, ambassadeur de Suède, obtint sa main; sa position élevée et la communauté de religion (ils étaient protestants tous deux) décidèrent ce choix. M. de Staël était un homme distingué, habile, également dévoué à son souverain, Gustave III, et à Marie-Antoinette, et, en se mariant, Mlle Necker ne perdit pas la haute position que le nom de son père lui avait donnée.

Mais les terribles événements de la révolution vinrent couper court à cette brillante époque de sa vie ; elle vit son père tomber du ministère ; elle le vit passer du Capitole à la Roche tarpéienne, hier porté aux nues, aujourd'hui blâmé, outragé, exilé. La société au milieu de laquelle elle avait vécu était bouleversée ; ses amis, ceux de ses parents, montaient à l'échafaud ; elle vit le roi et la reine, si grands, si malheureux, offerts en holocaustes aux fureurs des clubs ; toutes les illusions de liberté qu'elle avait nourries dans sa jeunesse étaient détruites par une réalité effroyable, et pendant ces jours affreux, elle ne vécut que pour arracher quelques victimes au couteau.

Ses actes de dévouement envers les proscrits adoucirent seuls l'agonie douloureuse qu'elle éprouva durant toute la terreur. Parmi les actions courageuses qui honorèrent son cœur, on peut compter sa *Défense de la reine*, morceau éloquent et indigné qu'elle publia à la face du tribunal révolutionnaire :

elle ne sauva point la reine, mais elle osa lui rendre justice alors que tant de voix ne parlaient que pour l'outrager.

Lorsque la paix se rétablit, elle rouvrit son salon, et y réunit à quelques hommes nouveaux ceux qui avaient échappé au grand naufrage révolutionnaire ; les questions littéraires, et surtout les questions politiques, occupaient tous les esprits, et, dans ces conversations animées, dans ces chaudes discussions, Mme de Staël montra cette éloquence qu'elle a prêtée plus tard à *Corinne*, mélange de raison, d'esprit, d'ironie, d'enthousiasme, talent de tribun logeant dans le corps d'une femme. Son salon devint une puissance, et une puissance redoutable au nouveau gouvernement. Elle pressentait, après le despotisme de la terreur, le despotisme du sabre, et elle lutta de tout son pouvoir contre ce règne militaire qui l'oppressait d'avance. Cette opposition finit par enlever à Mme de Staël ce qu'elle aimait le mieux : le séjour de Paris, la présence de ses amis, et les jouissances intellectuelles dont le regret la suivait partout. Elle pressentait que la raison du plus fort serait la meilleure, et l'ordre d'exil que le premier consul pouvait décréter la poursuivait sans cesse : « Le séjour de Paris, dit-elle elle-même dans *Dix Ans d'exil*, m'a toujours semblé le plus agréable de tous ; j'y suis née, j'y ai passé mon enfance et ma première jeunesse ; la génération qui a connu mon père, les amis qui ont traversé avec nous les périls de la révolution, c'est là seulement que je puis les retrouver.... J'éprouvais une telle douleur à la crainte d'être privée du séjour de Paris, que ma raison ne pouvait rien contre elle... »

Ce qu'elle redoutait arriva. Elle fut exilée à quarante lieues de Paris, cruelle blessure à laquelle succéda bientôt une mortelle douleur. M. Necker mourut pendant l'absence de sa fille ; elle-même a raconté le déchirement qui se fit dans son âme ; jamais elle ne se consola de cette perte ; ses pensées devinrent plus graves, le souvenir de Dieu et de l'éternité s'y mêla ; sa charité même, qui avait toujours eté grande, se ressentit de son malheur : elle donnait immensément aux vieillards, parce qu'ils lui retraçaient son père. Le premier adoucissement à sa douleur fut d'essayer de faire mieux connaître ce père tant regretté ; elle publia les écrits de M. Necker avec une Notice sur sa vie privée et sur son caractère. Ce fut son retour à la vie littéraire.

Ces épreuves multipliées avaient affaibli la santé de Mme de Staël ; on lui ordonnait un ciel plus doux. Elle partit pour l'Italie, et *Corinne* fut le fruit de ce voyage. Puis elle revint en France ; elle erra autour de Paris, à la distance qui lui était permise ; mais sa présence, les voyages de ses nombreux amis qui voulaient la revoir, impatientèrent l'empereur Napoléon ; il l'exila hors de France.

Elle se fixa aux bords du lac de Genève, à Coppel, où elle rassembla bientôt autour d'elle une société d'élite. Mais rien ne la consolait de Paris : « Oh! le ruisseau de la rue du Bac! » disait-elle quand on lui montrait le clair miroir du lac de Genève étendu sous ses fenêtres; « un petit morceau de France ferait bien mieux mon affaire! » L'irritation de l'empereur croissait; il exila ses meilleurs amis, Mme Récamier, M. le duc de Montmorency, uniquement parce qu'ils avaient passé quelques heures à Coppel. Elle craignait pour sa famille, pour elle-même, et voyant la puissance de l'empereur s'étendre autour d'elle comme un vaste réseau, elle voulut à tout prix y échapper, et se rendit, avec ses enfants et son second mari, M. de Rocca, en Angleterre, en passant par la Russie. A la restauration, elle rentra en France.

Son salon se rouvrit plus brillant que jamais; toutes les opinions se rassemblaient

chez elle. « J'ai fait de ma maison, disait-
elle, l'hôpital des partis vaincus. » Les années l'avaient rendue plus calme, mais sa
sensibilité et son génie existaient tout entiers.
On espérait pour elle de longues années et
de nombreux succès, et déjà un mal secret
menaçait sa vie... Elle se tournait vers Dieu;
elle lisait souvent le livre de l'*Imitation*,
qu'elle n'avait pas compris dans sa jeunesse,
mais qui lui parlait au cœur, en ce moment
où il fallait tout laisser, la gloire et les
affections.

Son état devint de plus en plus grave;
mais l'extrême douceur, qui était un des traits
distinctifs de son caractère, ne s'altéra jamais
en elle; mourante, elle s'occupait encore à
rendre service; la grâce d'un condamné,
qu'elle avait sollicitée, fut accordée le lendemain de sa mort, de sorte qu'elle fit du
bien après avoir expiré. Elle mourut le 14
juillet 1817. Elle laissait trois enfants : ses
deux fils moururent sans postérité; et le

sang de Mme de Staël ne revit que dans les enfants de sa fille, Mme la duchesse de Broglie.

Parlons maintenant des ouvrages de Mme de Staël.

Son premier livre avoué, ce sont les *Lettres sur les écrits et le caractère de Jean-Jacques Rousseau.* Elle y exprime, avec l'ardeur inconsidérée de la jeunesse, des opinions que son âge mûr n'eût pas signées, et si cet ouvrage a fait honneur à sa plume, la *Défense de la Reine* fit honneur à son âme. Dans ce plaidoyer éloquent, elle cherche, avec une habileté touchante et délicate, à faire oublier la reine pour ne montrer que la femme charmante, l'épouse dévouée, la mère incomparable. Ces paroles, sorties du cœur, ont ému tout ce qui ne siégeait pas au tribunal révolutionnaire, et, en agissant ainsi, Mme de Staël n'acquittait pas une dette : car jamais elle n'avait joui de la faveur particulière de Marie-Antoinette;

elle obéissait simplement au cri de sa conscience et à la voix de la justice.

Lorsque la paix intérieure eut ramené en France les goûts littéraires, Mme de Staël publia un écrit intitulé : *De l'influence des passions sur le bonheur des individus et des sociétés.* Cette œuvre brillante porte une empreinte de désenchantement singulier ; on devine une âme ardente qui a essayé de la vie et qui recule effrayée, qui voudrait proscrire jusqu'aux affections les plus légitimes, parce que dans tous les sentiments exaltés, elle a rencontré la douleur. Catholique, Mme de Staël n'eût pas écrit ce livre.

Delphine date de la même époque. Ce roman, où les idées s'agitent beaucoup plus que les événements, où les personnages sont plutôt des abstractions que des caractères animés et vivants, offre peu d'intérêt comme conception ; mais, en revanche, il présente une étude approfondie des mouvements les plus délicats de l'âme. Les événements du livre, mal conçus, mal amenés, ne sont qu'un cadre pour des réflexions et des sentiments où Mme de Staël a exprimé ce que lui avaient appris la pratique du monde et l'étude du cœur humain.

Corinne, ouvrage plus parfait comme style, est aussi plus intéressant comme création romanesque. On aime Corinne, cette femme en qui le génie s'allie à la plus touchante bonté; écrivain spirituel, poëte inspiré, elle n'eût fait connaître que l'admiration; femme douce, vraie, aimante, elle fait naître la sympathie la plus vive. Les peintures de l'Italie sont belles; mais la seconde partie de l'ouvrage, alors que Corinne seule, délaissée, se retourne vers le Dieu qui soutient et console, nous paraît incomparablement la plus touchante. Le caractère de *Lucile* attendrit; mais il nous semble que l'auteur s'est trompé en parlant de l'Angleterre : si lord Nelvil eût amené à Londres sa belle épouse, l'improvisatrice du Capitole, elle eût été applaudie à toute outrance, et loin d'être bannie du monde le plus brillant, *Corinne* fût devenue le *lion* de la saison Mme de Staël ne s'est pas assez souvenue que dans ce pays d'aristocratie, l'intelligence aussi en est une.

L'exil de Mme de Staël nous a valu son livre *De l'Allemagne*, qui, un des premiers, a révélé aux Français ce monde d'outre-Rhin, si étranger à leurs pères. Ce livre renferme de beaux et charmants chapitres, et d'excellentes traductions de quelques-unes des œuvres les plus remarquables de la muse germanique.

Nous arrivons au dernier ouvrage, le plus important peut-être de ceux de Mme de Staël, ses *Considérations sur la Révolution fran-çaise*. C'est un livre d'aspirations généreuses vers la liberté, inspiré surtout par le spec-tacle des institutions anglaises, pour les-quelles elle éprouvait une admiration excessive. Les premiers chapitres, où elle retrace ce qu'elle a vu de la révolution, sont curieux et remarquables.

Ce fut la dernière œuvre : la mort tenait déjà sa proie lorsqu'elle achevait ce livre, suprême hommage à la mémoire de son père, à cette image chérie qui avait dominé sa vie entière. Le talent de Mme de Staël s'est épuré en mûrissant ; la fougue de ses premières années apaisée, un sentiment élevé, religieux, se répandit dans ses écrits ; l'ordre s'établit dans sa riche pensée ; son style devint plus clair et se débarrassa du pathos sentimental qui avait gâté bien des pages de *Delphine* ; la règle et l'harmonie présidèrent de plus en plus aux créations de cette remarquable intelligence ; mais en parcourant ses œuvres, combien l'on déplore que ce noble esprit, ce cœur généreux et tendre, n'ait pas eu dès l'enfance le soutien d'une religion solide, le secours divin des sacrements qui lui eussent fait trouver ici-bas ce bien idéal qu'elle cherchait et qu'elle n'a pu rencontrer.

La foi de Bossuet et de Fénelon manquait à cette âme ; ce beau talent a trop demandé à la terre et pas assez au ciel.

MADAME COTTIN

Sophie Ristaud était née à Tonneins, en 1773 ; elle fut élevée avec le plus grand soin par sa mère, et à dix-sept ans, mariée au banquier Cottin, elle vint habiter Paris. Sa vie était concentrée dans le cercle de sa famille ; et comme elle ne parlait jamais d'elle-même, personne, même parmi ses plus intimes, ne se doutait des talents que voilait un extérieur si modeste. Son mari mourut ; elle n'avait pas d'enfants ; la révolution venait d'éclater. Mme Cottin vécut encore plus cachée, et, pour employer ses longues heures de solitude, pour se distraire de ses chagrins, pour oublier les calamités publiques, elle écrivit un roman, *Claire d'Albe*, qu'elle ne destinait nullement à voir le jour.

Un de ses amis, proscrit, vint la prier de lui prêter cinquante louis pour pouvoir sortir de France et dérober sa tête à l'échafaud. Mme Cottin n'avait point d'argent; mais le manuscrit de son livre tomba sous ses yeux, et, sur-le-champ, cédant à une inspiration généreuse, elle courut l'offrir au libraire Maradan. Celui-ci l'accepta, il lui donna une somme assez forte, qu'elle apporta à son ami, et elle entra ainsi, par une bonne œuvre, dans la carrière littéraire.

Mme Cottin connaissait peu le monde; elle n'a jamais réussi à le décrire; mais elle connaissait le cœur humain et ses orages, et elle a parlé avec une dangereuse éloquence le langage des passions. Elle avait une si grande facilité que ses livres ne lui coûtaient presque aucun travail; jamais son travail littéraire ne déroba une heure de son temps ni à ses devoirs ni à la société de ses amis, et quoiqu'elle ait beaucoup écrit, elle avait pour maxime qu'une femme ne doit pas écrire. Son plaisir était de composer un livre; sa crainte et son ennui, d'en entendre parler; et aussi charitable que modeste, elle associa toujours les pauvres au succès de ses ouvrages. Elle mourut jeune encore, en 1807.

Ses romans furent vivement loués et amèrement critiqués. On lui reprochait, et avec raison, l'impression que son langage passionné pouvait produire sur les âmes, et Mme de Genlis, qui n'est pas à l'abri de tout reproche de ce genre, s'est montrée sévère pour sa rivale. Il nous semble que Mme Cottin voulait toujours plaider la cause de la vertu, mais que souvent sa plume trahissait sa volonté, et qu'entraînée par un sujet émouvant, elle peignait sous de trop vives couleurs les sentiments les plus dangereux. Un jugement solide ne guidait pas toujours ce talent sympathique, et dans le peu de prix qu'elle attachait elle-même à ses écrits, on trouverait peut-être le secret de leurs défauts. Son meilleur ouvrage est aussi le plus pur de ses écrits : *Elisabeth ou les Exilés de Sibérie* méritait de survivre à son auteur. Xavier de Maistre avait raconté l'histoire de Prascovie Loupouloff dans sa poignante simplicité ; Mme Cottin l'a parée de quelques ornements étrangers ; mais tous les deux, par des routes diverses, sont arrivés au même but : ils ont rendu aimable la plus héroïque vertu.

MADAME DE DURAS

Il y a d'étranges fortunes dans les beaux-
arts comme dans la littérature. Quelques-uns
mettent au service d'un certain talent une
fécondité prodigieuse; et quoique tous ces
livres, quoique tous ces tableaux soient signés de leur nom, ce nom ne survit point
et ne peut échapper au linceul de l'oubli.
D'autres n'ont fait qu'un portrait, n'ont signé
qu'un livre, et cette trace si légère n'est
pas effacée.

Mᵐᵉ d'Hautpoul, Mᵐᵉ de Choiseul-Meuse
sont profondément oubliées; Mᵐᵉ de Duras
vit dans la mémoire des contemporains, et

pourtant elle n'a publié que deux petits volumes, *Edouard* et *Ourika*.

Ces deux écrits sont une même idée exprimée sous des formes différentes, celle des inégalités sociales. Ourika est une pauvre petite négresse rapportée du Sénégal, et adoptée par une dame française du plus grand nom et du plus grand monde, qui se plaît à donner à cette enfant, destinée jadis à l'esclavage, une éducation brillante, et développe en elle, de la manière la plus remarquable, les facultés les plus heureuses. *Ourika*, gâtée dans son enfance, aimée plus tard par ceux qui l'environnaient, trouve cependant un profond malheur dans cette situation en apparence si heureuse, et l'étendue de son esprit ne sert qu'à aggraver ses peines. Sa couleur et son origine élèvent une barrière entre elle et ceux qui l'entourent; en vain voudrait-elle se confondre avec eux, inspirer à un autre le sentiment qu'elle éprouve elle-même, elle sent qu'elle est aimée à l'égal d'un jouet favori, rien de plus, et que jamais elle ne comptera dans la vie de ceux qui lui sont si chers. Du moment où elle a compris cette vérité cruelle, le souvenir de sa fatale origine devient une idée fixe qui torture son esprit et son cœur. Parfois elle cherche à oublier la couleur de son visage, qui fait d'elle un paria au milieu du monde; mais l'exclamation de surprise d'un étranger, un regard distrait jeté sur une glace réveillent le sentiment de ses douleurs. Tous les dons de la civilisation lui ont été prodigués, et tous, un seul excepté, sont impuissants à soulager ses peines. Les talents n'ont pu la faire aimer, les lumières de l'intelligence ne lui ont servi qu'à mesurer l'abîme qui la sépare des autres; instruite, aimable, aimante, elle n'a pu cependant obtenir le nom d'épouse et de mère; la foi seule, présent des peuples civilisés aux races barbares, lui reste, et un jour vient où elle lui tient lieu de tout. La société n'a pas eu

de place pour la négresse; mais la religion
lui offre ses asiles, où règnent à la fois la
liberté et la paix; et, sous le voile qui éga-
lise toutes les conditions et toutes les races,
elle trouve enfin le repos.

Edouard peint une autre peine, née aussi
des inégalités sociales.

Ce sont là les seuls ouvrages que Mme de
Duras ait publiés. Elle a écrit, non pour le
public, mais pour elle-même, pour ses amis,
et pour répandre sur le papier le trop plein
de ses pensées et de son cœur. Elle était
fille de l'amiral de Kersaint, qui, après avoir
brillé dans la marine, se distingua à la Con-
vention, où il siégeait dans les rangs des
Girondins, par la générosité de ses opinions
et par son courage à défendre les innocents;
il ne put se défendre lui-même, et il mourut
sur l'échafaud, après avoir essayé de couvrir
par son vote la tête de Louis XVI. Sa fille
épousa, en émigration, le duc de Duras;
elle eut deux filles, et ses devoirs de famille

et de charité occupèrent toute sa vie. Très-instruite et très-spirituelle, elle n'avait aucune espèce de prétention, et, aux yeux de gens peu pénétrants, elle pouvait passer pour la plus ordinaire des femmes. Sa prétention était de n'en pas avoir, et si, en toute occasion, elle cherchait à étendre ses connaissances, à orner son esprit, c'était pour aider à l'éducation de ses filles, et parce qu'elle pensait qu'une occupation aide à l'autre, et que les soins de sa maison se trouvaient bien de la culture de son intelligence. « Apprendre le latin sert à faire des confitures, » disait-elle en riant.

Sous la restauration, le salon de la duchesse de Duras fut très-brillant ; elle s'honorait d'illustres amitiés, parmi lesquelles comptait surtout celle de Chateaubriand. Elle avait pour ce dernier une sympathie qui devint la plus vive et la plus constante amitié. Pendant que les étrangers occupaient Paris, après Waterloo, elle ferma sa porte,

ne voulant pas, disait-elle, recevoir lord
Wellington, tant qu'il ne serait pas un simple
voyageur. Mais, dès que la paix fut entièrement rétablie, elle reçut de nouveau, et
son salon devint le centre d'une société aussi
distinguée qu'aimable. On y voyait beaucoup
l'ambassadeur d'Angleterre, l'aimable che-
valier Stuart, le très-lettré comte Pozzo di
Borgo, ambassadeur de Russie, et, à côté
d'eux, des savants illustres, tels que Hum-
boldt, cet homme dont l'intelligence formait
une vivante encyclopédie, et qui parlait avec
le même intérêt d'une découverte scienti-
fique, d'une nouvelle littéraire, d'un chef-
d'œuvre des arts, ou d'une beauté pittoresque
qu'il avait vue dans ses nombreux voyages ;
Cuvier, qui causait avec la facilité d'un grand
esprit et la grâce d'un homme du monde ;
Abel de Rémusat, qui intéressait avec ses
découvertes sur les Tartares et ses traductions de romans chinois ; Brifaut, esprit juste
et fin ; Alexandre de la Borde, qui apportait

là ses curieux souvenirs d'Espagne ; Mlle Delphine Gay, qui lisait avec âme ses charmantes poésies.

L'esprit, l'influence de Mme de Duras furent mis dès l'abord au service d'une cause qui passionnait alors tous les esprits généreux, celle de l'indépendance de la Grèce, et elle-même répondit aux scrupules de Charles X, à ses inquiétudes sur cette fermentation contre une légitimité quelconque, même celle de la Sublime-Porte. « Après tout, sire, la Grèce, aujourd'hui, c'est la Vendée du christianisme. » Mot heureux, généreux, mais qui n'est pas tout à fait juste et que nous pourrions appliquer avec plus de vérité au malheureux Liban.

Mme de Duras jouit pendant quelque temps de cette existence de son choix dans sa patrie retrouvée ; mais une cruelle maladie la minait et l'obligea de se séparer du monde. Elle se tourna de plus en plus vers Dieu, et après des souffrances atroces, supportées avec une héroïque patience, elle mourut à Nice, entre ses deux filles, en janvier 1829.

Parmi ses *Pensées*, nous citerons celles-ci :

« Presque toutes ces douleurs morales, ces déchirements de cœur qui bouleversent notre vie, auraient été prévenus si nous eussions veillé; alors nous n'aurions pas donné entrée dans notre âme à ces passions, qui toutes, même les plus légitimes, sont la mort du corps et de l'âme. »

« On est heureux du talent, des nobles actions, de la gloire et des succès d'un ami, comme d'une prospérité personnelle, parce que toutes ces choses doublent le prix de l'amitié et le bonheur et l'orgueil d'avoir bien choisi. »

« Le pardon de Jésus-Christ est le pardon chrétien : « Ils ne savent ce qu'ils font. » Il y a, dans ces touchantes paroles, l'excuse de l'offenseur et la consolation de l'offensé; ce qui met le comble au chagrin, c'est de trouver des torts sans excuse à ceux qu'on aime : là, il y a une excuse : « Ils ne savent ce qu'ils font ! »

« Aimer Dieu, c'est adorer à leur source les perfections que nous espérions trouver dans les créatures et que nous y avons vainement cherchées. Le peu de bien qui se rencontre parfois dans l'homme, c'est en Dieu que nous eussions dû l'aimer. »

MISS EDGEWORTH

Le nom d'Edgeworth est bien connu en France : aux uns, il rappelle la lumière céleste projetée sur l'échafaud sanglant d'un roi ; aux autres, il remémore les plaisirs de l'enfance, les premières lectures faites sous l'œil intelligent d'une mère, dans un des petits livres, instructifs et charmants, signés de ce nom.

Maria Edgeworth, l'auteur de tant de romans distingués et de tant de livres pour l'éducation, naquit, en 1770, d'une famille irlandaise qui semble s'être divisée en deux branches : l'une demeurée fidèle à la religion catholique, et de celle-ci est issu le confesseur de Louis XVI; l'autre, qui avait adopté la foi des vainqueurs. Miss Edgeworth appartenait à la dernière; mais quoiqu'elle n'eût plus avec ses pauvres compatriotes le lien étroit de la communion religieuse, elle ne cessa pas d'être Irlandaise par le cœur, par la sympathie et par la tendre et cordiale affection qu'elle éprouvait pour son pays. Cet amour du sol natal était un héritage; elle l'avait reçu de son père, homme très-distingué, qui, après avoir vécu en Angleterre et à l'étranger, revint se fixer en Irlande, dans le double but de consacrer sa vie à l'éducation de ses enfants et au soulagement des pauvres habitants d'une terre dont il tirait ses revenus. Cette décision, juste et bienfaisante, eut une immense influence sur la destinée de Maria Edgeworth; à l'école de son père, elle apprit à aimer l'Irlande, à l'observer, et elle reproduisit dans ses livres, avec le plus heureux succès, les traits naïfs, comiques, touchants et parfois sublimes du caractère irlandais. Propriétaire, magistrat du canton, M. Edgeworth avait de nombreuses occasions d'étudier cette population délaissée et primitive ; il assistait, en réglant ses différends, à des tournois de parole, à des assauts d'éloquence, à des rivalités de saillies qui eussent ému ou égayé un vaste auditoire ; il transmettait à sa fille, avec beaucoup de verve et d'*humour*, ce qu'il avait entendu. Elle a raconté elle-même l'impression que lui faisaient ces récits. « Mon père, dit-elle, contait avec une verve inimitable ; aucune nuance ne lui échappait ; jamais il n'exagéra pour produire de l'effet. Il rendait avec un égal bonheur les élans pathétiques des Irlandais et leurs saillies comiques. Souvent, après avoir entendu un plaidoyer touchant, il me le répétait mot pour mot. Il jouait, pour ainsi dire, devant moi le drame qui l'avait frappé, et j'écrivais encore tout émue de son impression. » Ces esquisses, palpitantes de réalité, que la jeune fille écrivait sous la dictée de son père, lui tracèrent la voie que son talent devait suivre. Après avoir étudié l'Irlande, elle la raconta. Dans ses premiers ouvrages, *l'Ennui, Ormond, Vivian*, elle décrivit les pauvres paysans irlandais, gais dans leur misère, pénétrants et pathétiques dans leur douleur, fidèles à leurs affections et parfois énergiques dans leurs peines; peuple rempli de contrastes, et qui a conservé, sous des haillons, la harpe et le souvenir des bardes; sans l'expliquer, elle peignit le caractère national, si mal compris par les Anglais, et elle se flatta que les défauts en seraient rachetés par les qualités. Le succès répondit à ses espérances; ses scènes irlandaises firent pleurer et rire, et elle eut la gloire d'indiquer à Walter Scott le sillon où lui-même devait récolter de si riches moissons. Voici ce que dit à ce sujet l'Arioste écossais : « Ce fut le renom étendu, si bien mérité, de miss Edgeworth, dont les personnages irlandais ont familiarisé les Anglais avec le caractère de leur gais, spirituels et affectueux voisins, qui me fit penser qu'il y avait à tenter pour l'Ecosse quelque chose de ce que Maria Edgeworth avait si heureusement accompli pour l'Irlande, quelque chose qui montrât mes compatriotes à leurs frères d'Angleterre sous un jour plus favorable, et qui leur conciliât une juste sympathie pour leurs vertus, une douce indulgence pour leurs faiblesses. J'essayai, sans avoir la présomptueuse espérance d'égaler le tact exquis, la gaieté expansive, l'émouvante tendresse qui régnait dans les ouvrages de miss Edgeworth.... » Précurseur de Walter Scott, comme écrivain moraliste, successeur de Richardson, avec une délicatesse et un tact que ne possédait pas l'auteur de *Clarisse*, miss Edgeworth, qui n'écrivait que pour propager le sentiment du bien moral, eut la consolation de voir ses ouvrages goûtés et appréciés, non-seulement en Angleterre, mais dans toute l'étendue de l'Europe. Si, dans ses premiers écrits, elle montra qu'elle connaissait bien l'Irlande, ses autres œuvres prouvèrent que le grand monde ne lui était nullement étranger, et ses ouvrages sur l'éducation révélèrent toute la science du cœur que la vie lui avait donnée. La fable de ses compositions est ordinairement simple, et ne sert qu'à faire ressortir une vérité morale qui, analysée, commentée, fouillée, mise en lumière, se trouve le but et l'héroïne du livre.

Ainsi, dans l'*Ennui*, miss Edgeworth a admirablement démontré que tous les dons naturels, toutes les faveurs de la fortune ne sont rien sans l'activité de l'âme, sans le goût du travail, sans l'amour et la volonté du bien, et que de la paresse naît inévitablement l'ennui. Dans le *Patronage*, livre très-goûté en Angleterre, et connu en France sous le titre *les Protecteurs et*

les Protégés, elle a célébré la noble indépendance qui ne laisse subir aux honnêtes
gens d'autre joug que celui du devoir.
Dans *Hélène*, ouvrage de sa vieillesse,
et cependant le plus beau de ses écrits,
elle a voulu inspirer l'horreur du mensonge; et, certes, elle a réussi; car jamais
le mensonge, avec toutes ses conséquences
et son cortége d'intrigues, de bassesses et
de terreurs, n'a paru à la fois plus dangereux et plus ignoble; jamais la sincérité,
la candeur et la franchise ne se sont mon-
trées sous des traits plus beaux et plus
aimables que ceux de lady Davenant, d'Hélène Stanley et d'Esther Clarendon, triple
personnification de la vérité, tandis que
Cécilia personnifie l'astuce et le mensonge.
La leçon morale est complète, car les ruses
de Cécilia amènent précisément tous les
malheurs qu'elle voulut éviter. Si l'on ne
pouvait reprocher à ce beau livre quelques
longueurs, il serait l'œuvre la plus utile

et la plus saisissante qui soit sortie de la plume d'un écrivain moraliste. Il a été traduit en français par Mme Louise Swanton-Belloc et par M. Defauconpret.

Dès sa jeunesse, miss Edgeworth s'était occupée de la grande œuvre de l'éducation. Elle avait écrit, en collaboration avec son père, *l'Education pratique*, et elle répandit dans ce livre l'esprit d'observation, la sagacité, le jugement, et ce don de mouvement et de vie dont elle savait colorer ses écrits. Après le livre des pères, vint celui des enfants. Qui ne connaît *l'Education familière*, et Henry, et Lucy, et l'aimable Frank et l'étourdie Rosamonde? Quelle mère n'a sympathisé avec ces petits personnages, si vrais et si vivants? Quel enfant ne les a désirés pour camarades et ne s'est intéressé à leurs aventures? Ce monde en miniature est peint avec la vérité qui caractérise tous les écrits de miss Edgeworth; il ressort de cette lecture pour l'enfant, le sentiment du devoir, l'estime du travail, du courage moral, de la vérité; mais on voudrait y sentir le souffle religieux, sans lequel notre vertu, aux prises avec la tentation, n'est jamais de longue durée.

L'absence de Dieu se fait sentir et regretter dans tous les livres de miss Edgeworth : ils sont aussi bons qu'on peut l'être en dehors de cette grande idée; aussi justes qu'on peut l'être sans cette grande boussole : c'est assez dire qu'on ne peut les prendre exclusivemement pour guide.

La vie de Maria Edgeworth fut des plus modestes et des plus cachées. Elle quitta peu l'Irlande, où elle vivait au sein d'une famille aimée : « Je végète ailleurs, disait-elle; là seulement je me sens vivre. » C'était là, dans cette résidence chérie d'Edgeworth-Town, arrangée par son père, qu'elle recevait ses amies, et qu'elle vivait dans la plus douce intimité avec sa belle-mère, avec ses frères et ses sœurs ; c'était aidée de leur concours qu'elle organisait des œuvres utiles pour les pauvres, cherchant à substituer le travail à l'aumône, etn disant à ce propos avec enjouement : « Eût-il l'aide des génies, l'homme ne peut rien accomplir sans labeur. Aladin lui-même était tenu de frotter la lampe jusqu'à ce qu'elle fût brillante, avant que le génie parût. »

Son dernier écrit, *Orlando*, fut vendu au profit des pauvres, décimés par la famine et le typhus. Elle eut alors (1847) une grande consolation : des enfants de Boston, ses lecteurs assidus, lui envoyèrent cent cinquante tonnes de farine et plusieurs couffes de riz, avec ces mots : « A miss Edgeworth pour ses pauvres. » Ces enfants avaient prélevé ce don honorable et charmant sur leurs petites économies.

La famine affreuse qui désola l'Irlande fut une des dernières afflictions de sa vie ;

elle y cherchait les remèdes, elle employait l'énergie de son esprit à montrer la source du mal, et elle engageait, par l'exemple, plus puissant que la parole, ses amies, ses voisins, à venir au secours de ces lamentables misères. « Si chacun faisait dans sa sphère, disait-elle, tout le bien praticable, quelle somme de soulagements n'en résulterait-il pas! »

Elle était arrivée à l'âge de quatre-vingts ans. Elle mourut, ainsi qu'elle l'avait toujours souhaité, dans sa bien-aimée maison paternelle, et entourée de sa famille.

D'après son vœu exprès, on n'a publié aucune biographie après sa mort; seul, *le Magasin pittoresque* a donné sur cette femme distinguée les détails les plus intéressants qui semblent dus à la plume et au souvenir d'une amie de Maria Edgeworth.

———

MADAME DESBORDES-VALMORE —

A la fin du dernier siècle vivait à Douai une famille d'artistes et d'honnêtes gens, à qui manquait seule un peu de fortune pour relever leurs talents et jeter quelque lustre sur leur vertu. C'était la famille Desbordes, originaire de Genève, famille ancienne et alliée à la maison de Turenne. Elle se composait alors de trois fils : Louis, peintre-doreur, Antoine-Félix, peintre de blason et d'ornements d'église, et Constant-Joseph, excellent peintre de genre. Ces trois frères aimaient d'un égal amour leur mère, femme d'un autre âge, digne de respect par ses vertus domestiques, sa patience dans la pauvreté, et la foi généreuse avec laquelle elle rejeta les offres de quelques parents riches, établis en Hollande, qui voulaient laisser leur opulente succession, à elle et à ses enfants, à condition qu'ils se feraient tous protestants. Mme Desbordes refusa, et ses fils dirent : *Tout ce que fait notre mère est bien fait.* Plus tard, sa petite-fille écrivait à ce sujet : « Mes parents pensèrent de même; qu'ils en soient bénis !... On fit une assemblée dans la maison, a-t-elle dit ailleurs. Ma mère pleurait beaucoup et nous embrassait... on refusa la succession, de peur de vendre notre âme, et nous restâmes dans une misère qui s'accrut de mois en mois, jusqu'à causer un déchirement intérieur où j'ai puisé la tristesse de mon caractère. »

Marcelline Desbordes, qui écrivait ces lignes, fut élevée dans ce modeste intérieur, à l'école du malheur et de la foi; elle vivait sous l'aile de cette aïeule si grave et si vertueuse, près d'un oncle artiste à l'âme élevée et poétique : la vive imagination de l'enfant ressentit ses premières impressions, et nulle autre image ne les effaça. Elle écrivait plus tard :

> Au livre de mon sort si je cherche un sourire,
> Dans sa blanche préface, oh! je l'obtiens toujours,
> A des mots commencés que je ne peux écrire,
> Eclatants d'innocence et charmants à relire
> Parmi les feuillets noirs où s'inscrivent mes jours.
>
> Notre-Dame [1], aujourd'hui belle et retentissante,
> Triste alors, quel secret m'avez-vous dit tout bas ?
> Et quand mon timbre pur remplaçait l'orgue absente
> Pour répondre à l'écho de la nef gémissante,
> Mon frêle et doux *Ave*, ne l'écoutiez-vous pas ?...
> Et ne jamais revoir ce mur où la lumière
> Dessinait Dieu visible à ma jeune raison !
> Ne plus mettre à ses pieds mon pain et ma prière !
> Ne plus suivre mon ombre au bord de la rivière,
> Jusqu'au chaume enlierré que j'appelais maison !
> Ni le puits solitaire, urne sourde et profonde,
> Crédule, où j'allais voir descendre le soleil,
> Qui faisait aux enfants un miroir de son onde;
> Elle est tarie... Hélas! tout se tarit au monde,
> Hélas! la vie et l'onde ont un destin pareil!
> Ne plus passer devant l'école bourdonnante,
> Cage en fleur où couvaient, où fermentaient mes jours,
> Où j'entendis, captive, une voix résonnante
> Et chère à ma prison m'enlever frissonnante...
> Voix de mon père, ô voix! m'appelez-vous toujours?

[1] Eglise de Notre-Dame, abandonnée pendant la révolution.

Un autre ouvrage, écrit dans un âge
avancé, nous a retracé avec une vive fraî-
cheur ses impressions d'enfance; nous vou-
lons parler de la *Fête des Innocents*, récit
délicieux dans lequel Madame Desbordes a
introduit ses premiers amis, et probablement
aussi les premiers événements de sa vie.

Ces années calmes ne durèrent pas longtemps. Marcelline avait quatorze ans quand
elle perdit son père. Sa mère l'emmena en
Amérique, où elle espérait rencontrer une
meilleure fortune; mais à peine débarquée,
la jeune fille se trouva deux fois orpheline.
Elle a raconté elle-même en quelques lignes
cette douloureuse partie de son histoire :
« Ma mère trouva sa cousine veuve, chassée
par les nègres de son habitation, la colonie
révoltée, la fièvre jaune dans toute son horreur. Elle ne supporta point le nouveau coup
qui nous frappait. Violemment réveillée de son
dernier rêve, elle mourut au réveil. J'expirais
auprès d'elle, quand on m'emmena en deuil

hors de cette île dépouillée, et de vaisseau en vaisseau, je fus rapportée au milieu de mes parents devenus tout à fait pauvres. » Elle épousa quelque temps après M. Valmore, et se livra entièrement à son goût pour la poësie. Elle était née poëte, plus peut-être qu'aucune autre femme de notre temps; tous les sentiments tendres et généreux trouvaient de l'écho dans son cœur, mais aucun ne l'a si bien inspiré que l'amour maternel : les poésies de son âge mûr sont les meilleures et les plus pures de sa vie.

Ni les vers ni la prose de Mme Desbordes ne sont irréprochables. On peut y signaler parfois de la *manière*, de l'afféterie, de l'obscurité et des néologismes; mais combien on est dédommagé de ces défauts par les aspects vraiment poétiques et inspirés de ce charmant talent! Sa poésie, plus délicate et moins passionnée que celle de Mme Dufrénoy, n'est pas cependant didactique et posée comme celle de Mme Tastu; ce n'est pas non plus le bon sens spirituel de Mme de Girardin, aligné en hexamètres; c'est de la poésie, quelque chose qui *sent le vert*; un cri spontané où la nature dans sa beauté, la grandeur divine, les émotions du cœur, viennent tour à tour vibrer en notes mélodieuses. Mais nous le répétons, c'est surtout en parlant des enfants qu'elle fut constamment inspirée, soit qu'elle ait raconté leurs faits et gestes avec une souriante naïveté, soit qu'exhalant toute son âme, elle ait dit le bonheur que lui donnait sa fille :

> Ondine, enfant joyeux qui bondis sur la terre,
> Mobile comme l'eau qui t'a donné son nom,
> Es-tu d'un séraphin le miroir solitaire ?
> Sous ta grâce mortelle orne-t-il ma maison ?
> Quand je t'y vois glisser dansante et gracieuse,
> Je sens flotter mon âme, errante autour de toi;
> Je me regarde vivre, ombre silencieuse;
> Mes jours purs, sous tes traits, repassent devant moi.
>
> . . . .
>
> Que tes cheveux sont beaux ! étends-les sur mes larmes,
> Comme un voile doré sur un noir souvenir.
> Embrassons-nous ! sais-tu qu'il reste bien des charmes
> A ce monde pour moi plein de ton avenir ?...

Tout le monde connaît le morceau si

achevé, *l'Oreiller d'une petite fille*, et on comprend que ces vers sont partis d'un seul jet du cœur de l'heureuse mère ; elle-même, du reste, a raconté comment ils lui vinrent. « C'était à Lyon, dit-elle, près de la montée de Fourvières. Le rossignol chantait, l'enfant dormait à moitié, et la mère était presque aussi bien qu'on peut l'être au ciel. »

L'enfant a précédé sa mère au tombeau.

Le talent de Mme Desbordes, qui, au début, a trop sacrifié aux sentiments romanesques, s'est ennobli et purifié à mesure que l'âge est venu. L'âme des meilleurs d'entre nous est semblable à ces fleuves, paisibles à leur source, troublés et limoneux au milieu de leur cours, mais qui, en se rapprochant de la mer où ils vont se perdre, se calment, s'épurent et deviennent dignes de refléter les cieux.

Mme Desbordes-Valmore est morte à Paris, à la fin de juillet 1859, à la suite d'une longue maladie, endurée avec beaucoup de piété et de résignation. Elle a laissé plusieurs recueils de poësies, *les Pleurs*, *Bouquets et Prières*, un ou deux romans, des nouvelles et des contes pour les enfants, qui sont purs, innocents et charmants.

MADAME DE BAWR

Cette dame appartenait à la classe élevée
de la société; elle se nommait de son nom
de famille Alexandrine Goury de Champgrand,
et grâce aux soins d'un père ami éclairé des
arts et des lettres, les heureuses dispositions
de son esprit furent cultivées avec sollicitude.
Elle a donné, dans ses *Souvenirs*, des détails
curieux sur son éducation : Grétry lui avait
enseigné la musique et le contre-point, Garat
le chant, et on n'avait pas omis dans son
éducation une forte et brillante instruction
littéraire. Très-jeune encore, elle épousa le
comte Henry de Saint-Simon, celui qui a
attaché son nom à la secte des saints-simo-

niens. Il semblait que l'union d'un homme
d'une grande intelligence avec une femme si
distinguée dût être heureuse ; mais les dons
de l'esprit sont souvent ennemis du bonheur.
M. de Saint-Simon cherchait déjà *la femme
libre* ; il ne la trouva point dans sa jeune
compagne, et, profitant des lois de l'époque,
il demanda le divorce.

Lorsque les deux époux comparurent selon
l'usage, devant le magistrat qui, avant la
procédure, essaie de rapprocher ceux qui
veulent se séparer, M. de Saint-Simon, saisi
d'un singulier accès de sensibilité, se mit à
pleurer. Le président fut attendri.

« Voyez, madame, dit-il avec onction,
voyez comme M. de Saint-Simon vous aime ;
cédez au devoir, ne persistez pas dans votre
demande de divorce !

— Hélas ! monsieur, répondit-elle en pleu-
rant à son tour, c'est lui qui le demande,
c'est lui qui le veut ! »

Il le voulut si bien qu'il y réussit ; après

sa mort, la jeune femme délaissée épousa un officier russe, M. de Bawr, qui mourut sous la roue d'une voiture et la laissa sans fortune.

Elle trouva dans sa plume un délassement et une ressource. Ses petits romans, ses charmantes nouvelles, les récits qu'elle a dédiés aux jeunes filles et aux petits enfants, sont des œuvres tout à fait dignes d'une plume féminine. *Le Novice*, *les Flavy*, *la Fille d'honneur*, sont des œuvres historiques d'une véritable valeur; *Raoul ou l'Enéide*, histoire d'un jeune homme soutenu dans une carrière épineuse par le sentiment du devoir et le goût des lettres, est une œuvre pleine de goût et d'imagination. Quant à ses *Souvenirs*, ouvrage de sa vieillesse, ils sont écrits avec une grâce et une facilité qui disent assez combien la conversation de madame de Bawr devait être aimable, sans prétention et spirituelle avec simplicité.

Ceux qui l'ont connue disent que ses livres

portent bien l'empreinte de son âme douce et sereine. Quoiqu'elle n'ait pas eu beaucoup de bonheur, quoiqu'elle ait été délaissée une fois, qu'elle soit restée veuve par un cruel accident, qu'elle ait perdu sa fortune à deux reprises, ses *Souvenirs* ne trahissent aucune amertume ni contre le sort ni contre les hommes; elle parle peu d'elle-même, et volontiers des autres; et ses *Mémoires* laissent l'idée d'une femme bonne et modeste, tout en étant pleine de jugement et d'esprit.

Madame de Bawr garda son heureux caractère jusqu'à l'âge le plus avancé. Elle mourut en 1861, à l'âge de quatre-vingt-sept ans. On trouva chez elle tout préparé, l'argent de ses funérailles, et écrit de sa main, son billet de faire-part.

MADAME DE GIRARDIN

(DELPHINE GAY)

Nous avons parlé de plusieurs femmes qui, au XVIIIe et au XIXe siècle, ont cultivé les lettres, les unes avec gloire, les autres en traçant un sillon laborieux et modeste; une place se trouve vacante dans cette petite galerie, celle d'une femme, notre contemporaine, dont la plume facile a essayé de tous les genres, qui a écrit de plaintives élégies et de mordantes satires, et qui aurait pu léguer à la France un nom glorieux, une œuvre immortelle, si elle n'eût éparpillé en bel esprit, petite monnaie des salons, le trésor de génie que le ciel lui avait départi.

Poëte, auteur dramatique, journaliste et romancière, Mme de Girardin a frappé à toutes les portes du temple de la renommée; elle a parcouru presque tout le clavier littéraire; et quoiqu'elle n'ait rien produit de parfait, elle a laissé d'elle l'idée d'un grand esprit et d'un cœur généreux qui, en des temps meilleurs, auraient enfanté une œuvre puissante.

C'est un souvenir de jeunesse. Le roi Charles X venait d'être sacré à Reims, et partout, dans les provinces, dans les pays étrangers même, toujours si préoccupés de la France, on citait les vers d'une jeune fille qui avait chanté le vieux roi. *La Vision* était sur toutes les tables, et l'on répétait le nom de Delphine Gay, la veille inconnu. Les salons de Paris le connaissaient déjà. Sa mère, femme auteur elle-même, et qui avait désiré la célébrité sans l'atteindre, s'était hâtée de produire la jeune muse assise à son foyer : la beauté de Delphine Gay, son esprit, ses vers, qu'elle disait avec une grâce charmante, attiraient tous les yeux, et ce succès de salon fut la trompeuse amorce qui détourna son talent de la véritable voie. Si elle eût vécu dans la solitude, le recueillement et les sérieuses pensées, elle fût devenue une muse chrétienne, elle aurait chanté les véritables gloires de la France : ni l'âme ni le génie ne lui manquaient pour cela. Femme du monde, elle a étouffé le souffle lyrique qui vibrait en elle ; devenue sémillante, moqueuse, agressive, les feux-follets de son esprit se sont bien vite éteints dans la nuit de l'indifférence et de l'oubli. Quand ou lit ses premières poësies, combien on la regrette ! Une des premières de toutes, *la Peste de Barcelone*, pleine d'âme et de modestie, promettait un poëte chrétien, et le saint dévouement des religieuses françaises qui allèrent se jeter au milieu de la ville pestiférée a noblement inspiré la jeune fille :

> Au récit du désastre, à leur devoir propice,
> Deux femmes, en priant, ont quitté leur hospice :

D'un ordre révéré ce sont de pauvres sœurs
Qui, de la charité pratiquant les douceurs,
Renoncent, à vingt ans, au bonheur d'être aimées,
Et du nom le plus doux ne sont jamais nommées.
Telles que ces guerriers, d'un cilice couverts,
Qui, pour voir un tombeau, traversaient les déserts.
Le monstre au souffle impur ne saurait les abattre ;
Armés du crucifix, leurs bras vont le combattre,
Et soit que le soleil embrase un ciel d'azur,
Soit que sur les chemins s'étende un voile obscur,
Rien n'arrête leurs pas : gravissant les montagnes,
Traversant les forêts, les fleuves, les campagnes,
Au-devant du fléau toutes deux ont marché.
Comme on fuit le péril, ces femmes l'ont cherché.

Quand Barcelone fut rendue à la vie :

Le rosaire à la main, l'œil baissé vers la terre,
On les vit en priant rentrer au monastère ;
C'est là que chaque jour, ces charitables sœurs,
D'un saint recueillement savourant les douceurs,
Et de tous leurs bienfaits écartant la mémoire,
Vont demander à Dieu le pardon de leur gloire.

Ce beau morceau acheva de faire connaître au public le talent de Delphine Gay ; elle écrivit aussi un poëme dont Alfred le Grand était le héros, et qui rappelle la tournure et la coupe poëtique de Millevoye.

Le poëme de *Napoline* marque la seconde manière de Delphine Gay : elle a connu le monde, elle a perdu des illusions, et son désenchantement se traduit par une moquerie spirituelle et triste à la fois. Tous les vers qu'elle a écrits depuis cette époque sont empreints de la même couleur railleuse et découragée; il semble qu'elle ait beaucoup souffert, et que par le persifflage elle ait voulu dominer sa douleur et ceux qui la lui avaient infligée. Si, au moment où Delphine reçut cette première blessure, au moment où elle comprit ce que vaut le monde, elle s'était retirée dans la solitude, si elle avait mûri et concentré son talent, elle aurait pu enfanter une œuvre durable; elle aurait pu compléter ce poëme de *Madeleine*, qu'elle avait commencé, dont il reste quelques belles strophes, et que, dans sa vie agitée, elle ne trouva ni le temps ni la force d'achever. Le monde la retint; elle avait ce qui plaît au monde : la beauté, l'esprit de conversation imprévu et naïf; et son mariage avec M. Emile de Girardin la fixa à jamais dans l'agitation politique et le bruit littéraire.

Ce fut alors qu'elle commença à écrire dans la *Presse* ces feuilletons du lundi, signés *le Vicomte de Launay*, qui forment un brillant panorama da la vie parisienne. Elégance, profondeur, raillerie, éclairs de sensibilité, il y a de tout dans ces lettres; on peut leur reprocher cependant de trop courir après l'esprit, d'attacher un prix extrême et presque ridicule à la vie des salons, et de trop répéter certaines plaisanteries qui, loin du boudoir où elles furent dites pour la première fois, paraissent fades et monotones. Les romans de Mme de Girardin n'ont pas beaucoup ajouté à sa réputation; son imagination s'y révèle sous une forme bizarre et presque maladive, elle cherche avant tout l'analyse des sentiments les plus raffinés du cœur, et l'on y devine une nature souffrante, excitée, et qui se trouve dans une atmosphère qui ne lui est pas bonne.

Des circonstances personnelles la poussèrent à écrire pour le théâtre : elle y débuta par *l'Ecole des Journalistes*, œuvre singulière, triste et hardie, où elle a mis à nu les blessures que fait la presse quand elle n'est pas contenue par la morale. Cette pièce ne fut pas représentée et ne pouvait l'être, parce qu'elle s'appliquait à des faits trop personnels et à des noms trop connus.

La tragédie de *Judith* n'eut qu'un succès médiocre et ne méritait pas mieux. Judith ne retrace en rien l'austère beauté de la Bible et de la veuve inspirée qui ne connut d'autre amour que Dieu et son pays.

Cléopâtre (Mme de Girardin aimait le souvenir des femmes célèbres), Cléopâtre dut un léger succès à un style coloré, à des descriptions orientales, couleur locale qui n'est pas la couleur historique ; car on ne se figure pas la reine d'Egypte s'amusant à analyser son pays, s'amusant à raconter comment on enveloppe les momies de bitume et de bandelettes, et comment on les range dans de silencieux caveaux. Elle avait bien autre chose à faire, la politique et coquette reine d'Egypte !

D'autres pièces de théâtre, d'un genre moderne, eurent plus de succès et devancèrent de bien peu la mort prématurée de leur auteur.

Minée par une maladie de poitrine, Mme de Girardin y succomba le 20 juin 1855. Elle s'y était préparée de la manière la plus chrétienne, en cherchant en Dieu des consolations et des espérances que la terre ne lui offrait plus. Son testament renfermait ces mots :

« *On mettra sur ma tombe une croix pour unique ornement.* »

Cette croix, *spes unica*, qu'elle avait chantée dans *Madeleine*, reçut ses derniers soupirs.

Mme de Girardin n'a jamais eu d'enfant ; ce fut le regret de toute sa vie, qu'elle a exprimé en des vers touchants :

C'est le jour où Marie
Enfanta le Sauveur ;

C'est le jour où je prie
Avec plus de ferveur !
D'un lourd chagrin mon âme,
Ce jour-là se défend.
O Vierge, je suis femme
Et je n'ai point d'enfant !

Bénis ces larmes pures,
Et je t'apporte en vœux
Tout l'or de mes parures,
Tout l'or de mes cheveux.
Mes plus belles couronnes,
Vierge, seront pour toi,
Si jamais tu me donnes
Un fils, un ange à moi !

Mme de Girardin était née poëte, le monde lui rogna les ailes; mais, en certains moments, la religion et le dévouement lui prêtaient les leurs et la faisaient remonter vers sa véritable patrie.

MADAME SWETCHINE

Mme Swetchine naquit à Moscou, en 1782. Son père, M. de Soymonoff, occupait un poste élevé dans l'administration de l'empire; sa mère descendait d'une famille ancienne, illustrée dans les armes et dans les lettres; et la jeune Sophie, par sa naissance et son éducation, se trouva tout naturellement mêlée aux grands souvenirs de sa patrie. Elle vit la trompeuse splendeur du règne de Catherine II, et il résulta, pour elle, des idées qui animaient à cette époque les Russes distingués par leur position et leur esprit, une instruction très-forte, très-complète, mais entièrement en dehors de la religion. Elle fut élevée par son père, qui, frappé des progrès de cette jeune intelligence, mêlait pour elle à l'orgueil paternel la plus tendre prédilection. A quatorze ans, Sophie Soymonoff savait le russe, qu'ignoraient la plupart de ses compatriotes, parlait l'italien et l'anglais avec autant de pureté et de sûreté que le français, l'allemand avec correction, étudiait le latin, le grec et l'hébreu.

Elle fut nommée, vers cette époque, demoiselle d'honneur de l'impératrice Marie, femme de Paul Ier ; et Dieu, qui devait l'appeler à lui par la voie de la réflexion et de l'étude, lui permit de voir le fond des grandeurs humaines, et de pénétrer le secret des trompeuses prospérités et des larmes silencieuses.

A dix-sept ans, elle épousa, pour obéir à son père, le général Swetchine, qui avait vingt-cinq ans de plus qu'elle, et avec lequel elle vécut dans la plus fidèle et la plus étroite union. Ce mariage était conclu à peine que M. Soymonoff mourut subitement; une si profonde douleur terrassa Mme Swetchine, et, pour la première fois de sa vie, elle tourna les yeux vers le ciel et y invoqua cet appui qu'elle ne trouvait plus sur la terre. Dès ce moment elle chercha à connaître Dieu; elle en faisait l'objet de ses méditations, sans se douter jusqu'à quel point il s'emparerait un jour de son cœur. La conversation des émigrés français, parmi lesquels se trouvait beaucoup de prêtres, accueillis honoblement par Paul Ier, commença à lui inspirer un certain respect pour la religion révélée, dont les espérances adoucissaient tant de maux. Les exemples de vertu et de piété de quelques dames françaises, particulièrement de la princesse de Tarente, ne furent pas perdus non plus pour Mme Swetchine, ni pour d'autres membres de la noblesse russe, qui environnaient d'égards ces nobles proscrits. Le semeur de l'Evangile semait ainsi le bon grain dans ces terres longtemps couvertes de pierres et de ronces: un jour, il le savait, ce grain produirait une moisson abondante. Mais pour celle qui nous occupe, ce travail devait se faire lentement; le fruit ne devait mûrir que sous le feu concentré de la méditation mêlée à la prière.

La lecture occupait une grande partie de la vie de Mme Swetchine; mais elle ne lisait pas à vol d'oiseau : chaque livre, lu avec attention, était annoté, et les passages les plus frappants étaient transcrits dans des cahiers qui, ayant survécu à la main qui les traça, sont le témoignage de cette longue et conciencieuse étude commencée à dix-huit ans et continuée jusqu'à la mort. Ils sont la preuve d'un travail sérieux et l'explication de l'intruction si étendue et si diverse qui étonnait souvent en Mme Swetchine. Un ami la soutenait dans ces régions élevées et dans cette recherche du bien et de la vérité : cet ami était le comte Joseph de Maistre, alors ambassadeur de Sardaigne auprès de la cour de Russie, et qui compte parmi les grands écrivains et les profonds penseurs de notre époque. Entre lui et Mme Swetchine, il n'y avait pas union de foi, mais parité d'âme et d'intelligence, et ils se reconnurent en quelque sorte à la première vue. Il la guida dans ses études; cependant ce ne fut pas par la voie qu'il lui avait indiquée qu'elle revint à l'unité catholique. Une autre amitié qui garda la plus large part dans sa vie naquit aussi à cette époque : Mlle Roxandre Stourdza, devenue plus tard comtesse Edling, était fixée à St-Pétersbourg par la situation de ses parents; elle était demoiselle d'honneur de l'impératrice Elisabeth, et la confiance que lui témoignait cette princesse, attira bientôt sur elle l'attention des esprits sérieux. Le comte de

Maistre entra en tiers dans cette intimité.

C'est dans la précieuse correspondance des deux amies[1] que nous puiserons quelques traits qui serviront à faire connaître l'esprit et le cœur de Mme Swetchine. « On ne connaît jamais parfaitement que les gens que l'on a commencé par deviner. Il faut une sorte d'analogie, il faut être différemment semblables pour s'entendre tout à fait pénétrer dans tous les replis et acquérir cette parfaite connaissance d'un autre qui découvre entièrement son âme à nos yeux. Pour être juste, il faut être bienveillant.

L'idée de la mort est affreuse dans une disposition aride, dans l'isolement, lorsque nulle affection, nulle tendre compassion ne vient en adoucir l'amertume. Elle est presque douce aux deux extrémités de la vie morale : le malheur et la félicité suprêmes. Dans le premier cas, elle est un

---

[1] Mme Swetchine s'était retirée dans une de ses terres, en 1811, pendant que son mari était à l'armée.

changement et semble une délivrance ; dans l'autre, on sent que l'éternité ne vient pas interrompre mais fixer ce qui seul ferait regretter la vie.

Il est bon de ne dépendre que de l'Etre qui fait tout, et si quelque chose pouvait rendre la créature humaine plus misérable qu'elle n'est, ce serait un degré d'indépendance de plus.

Je ne préfère pas les autres à moi-même, mais les autres sont les seuls que j'aime : c'est dans eux qu'est placée toute ma personnalité, et tout m'est bon, pourvu que je ne vive pas concentrée en moi. »

Elle explique à son amie le changement qui s'est fait en son âme, lorsque, passant d'une éducation irréligieuse à une foi sincère, elle préludait ainsi à la conversion qui devait l'attacher pour jamais à l'Eglise catholique. « Je me réveillai jeune d'un sommeil pire que la mort. A l'âge de dix-neuf ans, je me jetai entre les bras de Dieu avec une passion telle, que je ne puis rien comparer de ce que j'ai éprouvé à sa vivacité. Pendant plusieurs années, la religion eut en moi ce caractère, et, le croiriez vous, mon amie? c'est cinq minutes d'exaltation religieuse qui suffirent pour obtenir tous les sacrifices, pour donner au reste de ma vie la direction qu'elle a prise. Ce fut une grâce, et, je le dis avec le sentiment le plus profond de conviction, je n'y eus aucun mérite. Plus tard, la Providence m'ôta le lait et les lisières. Que je me sentis faible quand il me fallut marcher seule, et gravir au lieu de m'élancer ! »

Quand elle écrivait ces mots, elle n'était pas encore catholique, mais elle arrivait à l'unité, par ses profondes études, qui embrassaient surtout l'histoire de l'Eglise, et la lecture méditée de la sainte Ecriture et des Pères. Dieu amenait à lui cette âme sérieuse par la voie qui lui était familière :

le travail et la réflexion. Elle ne cessa de compulser les documents les plus contradictoires, de remonter aux sources historiques, de confronter les dates, d'étudier les langues, et enfin de prier. Ses cahiers d'extraits témoignent de cet immense labeur, et sa conversion témoigna de la sincérité avec laquelle elle l'avait entrepris. On lit dans un de ses cahiers cette note : « 1815, 31 août. — Jour heureux où les ténèbres de mon esprit se sont dissipées quelque peu, au *Fiat lux* qu'une voix céleste fait résonner au plus profond de ma conscience. La clarté sans nuage ne la pénétre pas encore ; mais le rayon précurseur qui la découvre me montre aussi à moi-même la route que je dois suivre.... »

Elle abjura le 8 novembre de la même année 1815. Pendant quelque temps, elle en garda le secret ; mais lorsque la cour de Russie persécuta et exila les religieux de la compagnie de Jésus, qu'elle avait d'abord accueillis avec faveur, lorsque les catholiques russes entrevirent l'avenir sous de sombres couleurs, Mme Swetchine, fidèle à la noblesse et à la fierté de ses sentiments, se déclara hautement catholique. L'empereur Alexandre, dont le caractère versatile n'a jamais été complétement expliqué, lui témoigna à cette occasion un redoublement d'estime ; mais les courtisans qui poursuivaient la foi catholique partout où elle se montrait, prirent ombrage de ces sentiments du maître ; ils redoutèrent l'influence qu'une âme pure et fervente aurait pu exercer sur l'empereur, et ils réussirent à éloigner le général Swetchine de la cour. Son départ entraînait celui de sa femme. Le czar, indécis et trompé, témoigna ses regrets à Mme Swetchine, en lui demandant de lui écrire. Cette correspondance dura jusqu'à la mort d'Alexandre. M. et Mme Swetchine se rendirent à Paris : pour elle, c'était sa patrie naturelle, et elle se trouva à l'aise

dans ce monde brillant, spirituel et sérieux
de la Restauration. Le salon où Mme Swetchine se sentit le plus promptement natu-
ralisée, fut celui de Mme de Duras. C'est
là qu'elle vit pour la première fois Mme de
Staël, et lui adressa une réponse souvent
citée, mais inexactement. Mme de Duras
les invita l'une et l'autre à un dîner formé
d'un très-petit nombre d'amis. Mme Swetchine, toujours pleine de réserve, laissa
passer presque tout le repas dans le silence, levant à peine les yeux sur l'illustre
convive placée en face d'elle. Après le dîner,
madame de Staël s'avança vers madame
Swetchine : « On m'avait dit, madame, que
vous aviez envie de faire connaissance avec
moi, m'a-t-on trompée ? — Assurément
non, madame ; mais c'est toujours le roi qui
parle le premier. »

Cette amitié pour madame de Duras prit
une grande place dans la vie de madame
Swetchine et contribua à acclimater son cœur

en France. Elle se crut dans sa patrie en trouvant autour d'elle des affections vives et pures; mais en étendant à un plus grand nombre sa puissance d'aimer, elle n'oublia jamais ni sa première patrie ni ses premiers amis.

Ce ne fut qu'en 1826, cependant, qu'elle prit à Paris un établissement définitif. Elle demeurait rue Saint-Dominique, 71; elle occupait là un premier étage, qui s'ouvrait sur une suite de jardins; des porcelaines et des bronzes qu'elle avait fait venir de Russie et qui lui rappelaient le souvenir chéri de son père, ornaient le salon et la bibliothèque; elle-même n'occupait qu'un étroit cabinet, mais l'appartement du général Swetchine était spacieux et arrangé selon ses habitudes.

Ce fut alors que se forma, sans qu'elle l'eût ambitionné, un salon qui devint un centre de lumières et d'intelligence. « Ce salon, dit M. de Falloux, n'était ni un étroit cénacle, ni une coterie littéraire, ni une école : Mme Swetchine eût frémi si on eût prononcé devant elle le nom de disciple. Elle avait autant d'éloignement pour dominer que pour servir. C'est uniquement dans l'incomparable supériorité et dans l'invariable douceur de son commerce que se formait le lien impalpable qui rattachait tant d'esprits autour d'elle, et finissait par établir entre eux une sorte de communauté dont elle était l'âme et non le docteur... »

Les âmes qui ne se seraient jamais rencontrées ailleurs se groupaient instinctivement à l'abri de cette bienveillance inépuisable où chacun à son tour trouvait une affinité, un secours, une force. Ce qui distinguait éminemment la nature de Mme Swetchine, c'est que toutes les qualités, toutes les vertus et toutes les puissances y étaient réparties dans un parfait équilibre. Elle était au même degré enthousiaste et sensée, parce que, rare privilége, elle était douée d'autant de raison que d'imagination, parce qu'elle pensait avec autant de profondeur qu'elle sentait, et que, souvent homme par l'esprit, elle demeurait toujours femme par le cœur; parce qu'enfin son abnégation personnelle n'était ni feinte ni même étudiée...

La conversation de madame Swetchine ne visait point à l'effet. La timidité en elle ne fut jamais vaincue. Sa phrase commençait d'ordinaire par être incertaine et presque obscure : il fallait que l'émotion de l'entretien, l'intérêt du sujet l'entraînassent. Nulle nouveauté de diction, nulle tentation de paradoxe, nulle préoccupation d'éloquence, mais la vérité en toutes choses, la vérité dans le style comme dans la pensée, sans surcharge d'ornements, quoique sans nudité. L'absence même de toute prétention constituait sa première originalité. A part les rares moments où la nature surabonde, où les plus humbles ont besoin d'épancher leur âme, moments d'abandon qu'elle savait toujours contenir et limiter, elle ne brillait pas, elle n'étonnait pas; on l'aimait, on l'admirait d'instinct, longtemps avant d'avoir pu se rendre compte de ce qui charmait et subjuguait en elle.

La maison de Mme Swetchine était tenue avec beaucoup de soin, quoique sans raffinement d'aucune sorte. Elle n'offrit jamais à ses amis ce que l'on peut appeler une soirée ou un dîner; mais elle aimait à réunir, autour d'une petite table ronde, quelques personnes heureuses de se rencontrer auprès d'elle. Le repas était servi élégamment, et elle s'occupait elle-même de son ordonnance avec l'attention prévenante qu'elle apportait aux moindres choses. Son salon, ouvert matin et soir, s'ornait presque toujours, ou d'une plante en fleurs, ou d'un objet d'art que ses amis lui prêtaient à contempler, et que des artistes eux-mêmes considéraient comme une faveur de voir exposé chez elle. Elle avait gardé des splendeurs de l'Ermitage le goût d'un éclairage brillant. Le soir, excepté dans les dernières années de sa vie, son salon étincelait de lampes et de bougies, et on était toujours frappé, en y entrant, d'une première impression mondaine. Cet extérieur était, en effet, destiné au monde; elle voulait qu'il y retrouvât les délicatesses distinguées qui entrent dans ses habitudes et qui plaisent au côté frivole de ses penchants. Mais on s'apercevait promptement que l'intérieur appartenait à Dieu, et que celle qui possédait ces avantages n'en était point possédée. » Dieu était, en effet, le grand moteur de la vie de madame Swetchine. Elle restait dans le monde, parce que sa place y était marquée; mais sa piété rayonnait avec tant d'éclat, en dépit de son humilité, elle avait une telle science des âmes, une telle connaissance des intérêts de la religion, un zèle si vif, une tolérance si douce, que bientôt elle attira autour d'elle, par une attraction aussi puissante qu'involontaire, tous les champions du catholicisme en France. Lacordaire, le P. de Ravignan, Donoso Cortès, le comte de Montalembert, le comte de Falloux, Auguste Nicolas, la sœur Rosalie, — et tous ces noms rappellent d'éminents services, — eurent Mme Swetchine pour amie et quelquefois pour guide. Elle était en intimité avec tous les hommes et toutes les femmes célèbres de son temps, parmi ceux qui avaient consacré leur talent à la plus sainte des causes; ses lettres attestent l'affection, la sollicitude, la clairvoyance dont elle environnait ses amis.

Elle écrivait au comte Charles de Montalembert : « Si je prie pour vous ! non, vous ne me le demandez pas ! Ma prière prend successivement toutes les formes de l'affliction, de l'inquiétude, d'un profond sentiment d'impuissance et de dénûment. Je ne puis rien pour vous, si je ne puis rendre plus étroits, plus inviolables, les liens qui vous rattachent à Dieu et à son

Eglise.... Ah! mon cher Charles, si la religion se trouvait écartée de vos pensées, elle aurait bientôt perdu sur vous toute autre puissance, et votre foi, point assez instruite, point assez éprouvée pour être solide, périrait dans le monde nouveau qui ferait vivre votre intelligence.... »

Cette lettre, dont nous ne citons qu'un fragment, fut écrite au temps où la défection de M. de Lamennais faisait trembler pour les jeunes et fières intelligences qui l'avaient élu pour maître. On sait que tous sortirent triomphants de cette lutte. Mais ne sent-on pas dans cette lettre une âme vraiment maternelle? et en voyant l'affection qu'elle ressent et celle qu'elle inspire, ne pourrait-on pas lui appliquer ces mots de la prophétie de Joad :

> D'où lui viennent de tous côtés
> Ces enfants qu'en son sein elle n'a point portés?

Dieu, dans sa bonté, les lui donnait, et lui faisait oublier ainsi qu'elle n'était point

mère. Mais elle avait encore d'autres enfants et d'autres amis, c'étaient les pauvres.

« Sa grande fête, dit son historien, était
d'aller les chercher chez eux. L'aumône
n'était pas seulement pour elle l'accomplis-
sement d'un devoir; elle aimait, en outre,
à faire plaisir à ceux à qui elle faisait du
bien; son cœur ajoutait encore quelque
chose à l'aumône de ses mains. Il n'y a
personne pour qui un peu de superflu ne
soit aussi du nécessaire. »

Mme Swetchine employait à créer au
pauvre une distraction ou une jouissance
le même soin, la même suite que nous
l'avons vue déployer dans les plus hautes
préoccupations de son intelligence. A celle-
ci elle achetait quelques pots de fleurs, à
ceux-là elle faisait encadrer des gravures
qui leur rappelaient un sujet favori, des
batailles, par exemple, s'il y avait un
vieux soldat dans le ménage. Pour les uns
elle choisissait des livres, pour les autres

un meuble commode, pour les infirmes un bon et large fauteuil.

Un premier jour de l'an, se dérobant, sans rien dire, à tous les empressements qui l'entouraient, elle alla passer plusieurs heures avec des pauvres parents qui venaient de perdre deux fils coup sur coup.

« Quand une joie vive venait éveiller au fond de son cœur un nouveau sentiment de gratitude envers Dieu, madame Swetchine courait chez les sœurs du Gros-Caillou, leur demandait un pauvre de plus, le recevait de leurs mains sans préférence et sans choix personnel, et quelquefois lui donnait un nom qui lui rappelait à elle-même l'origine de cette adoption.

Un jour, qu'après une longue inquiétude, elle avait reçu une lettre de sa sœur, la princesse Gagarin, elle envoya son domestique chez les sœurs du Gros-Caillou, et lorsqu'à son retour, il lui expliquait le résultat de sa mission charitable,

madame Swetchine, toute joyeuse, s'écria :
« Mon cher Cloppet, celui-là nous l'appellerons *ma sœur*. »

Elle fit faire la même démarche le jour où la guerre cessa sur les ruines de Sébastopol, entre la France et la Russie; et au pauvre ménage qui lui échut, elle donna le nom de *la Paix*.

Elle avait pour les sourds-muets une affection toute spéciale, et après avoir prodigué pour eux démarches, soins, aumônes, sollicitations, elle s'occupait encore de leur amusement avec une tendresse maternelle. Elle ne savait qu'imaginer pour distraire ces pauvres enfants, captifs derrière la barrière d'une si terrible infirmité. Un jour, elle en conduisit un grand nombre au Diorama : le spectacle de leur étonnement et de leur joie candide fit, pour elle-même, de cette journée une des plus douces fêtes qu'elle eût jamais goûtées. Elle finit par attacher à son service une sourde-muette qu'elle aimait et dont elle fut fidèlement aimée. « J'ai vu, dit le R. P. Lacordaire dans l'oraison funèbre qu'il a consacrée à sa sainte amie, pendant que nous assistions au coucher douloureux de cette belle lumière, sa chère muette la suivre des yeux d'une chambre voisine, sentinelle vigilante d'une vie qui avait tant donné d'elle-même, et qui s'éteignait entre l'amitié demeurée fidèle et la pauvreté demeurée reconnaissante. »

Les saisons qu'elle passait chaque année à Vichy étaient consacrées à la charité. Elle s'occupait des plus pauvres, des plus malades, des plus repoussants même ; un pauvre garçon infirme et presque idiot était l'objet de sa prédilection chrétienne ; elle s'en occupa avec une amitié qui le rendait tout heureux et tout fier ; et lorsqu'il mourut, elle pourvut à la décence de ses funérailles, faisant prier pour lui et mettre une pierre sur sa fosse, « de manière, dit-elle, que je puisse le retrouver. »

« Plus on était malheureux, plus elle vous aimait, » disait une pauvre femme qui l'avait connue.

Cette belle vie, si utile et si chère aux autres, était assombrie par bien des peines. Madame Swetchine perdit en peu d'années son amie, mademoiselle Roxandre Stourdza, devenue comtesse Edling, une autre amie, la comtesse de Nesselrode, et enfin le général Swetchine, qui mourut à l'âge de 92 ans, laissant au cœur de sa fidèle compagne un vide cruel.

Elle avait beaucoup souffert physiquement depuis sa jeunesse, et sa santé s'allanguissait de plus en plus, mais sans qu'aucune des occupations, ni aucun des attachements auxquels elle avait voué sa vie s'en ressentît. Prière, méditation, étude, correspondance, relations charitables, relations sociales, rien ne fut arrêté par ces souffrances aiguës qu'une volonté héroïque dominait toujours.

Durant les dernières années de sa vie,

elle écrivait pour elle-même des maximes de conduite, parmi lesquelles nous choisirons celles-ci :

« Eviter en tout de paraître; ne jamais dire ou rappeler indirectement, sous aucun prétexte, rien qui puisse être à mon avantage; ne jamais me complaire à ce que je dis, ni pousser ma pointe; briser sur ce que j'aurais bien dit.

» Redouter par-dessus tout l'amertume et l'irritation. »

» Sainte mort de Mme de Saint-Clair, grand-mère de Mme de la Ferière; qui me l'annonce en ces termes : « Elle a reçu tous les sacrements avec une grande douceur, et puis elle a dit : « Ah! qu'il est doux de mourir! L'on ne peut pas savoir combien il est doux de mourir! »

Ces derniers mots auraient pu bientôt s'appliquer à elle-même. On était en 1857, durant l'automme. Les amis de madame Swetchine s'apercevaient du changement redoutable qui se faisait en elle; ils étaient remplis d'alarmes. Pour elle, sereine et confiante, elle ne permettait pas que la maladie changeât son plan de vie, la profonde métamorphose que l'approche de la mort produit dans les gens du monde ne pouvait se faire en celle qui, depuis si longtemps, vivait pour le ciel et dont toutes les actions étaient réglées au point de vue de l'éternité. Pour bien mourir, elle n'avait qu'à suivre sa vie habituelle : charité et union à Dieu. Elle prit avec beaucoup de calme ses dernières dispositions, choisit M. de Falloux pour exécuteur testamentaire, et s'occupa jusqu'au dernier instant de sa famille, de ses amis et de ses pauvres. « Si Dieu me laissait la vie, j'en jouirais encore; mais s'il daigne m'appeler à lui, quel autre sentiment puis-je éprouver que celui de la reconnaissance? » Rien n'est plus touchant, dans le livre de M. Falloux, que le détail de ces derniers jours tel qu'il l'a transmis à un autre ami de la mourante, à M. de Montalembert. Jamais l'amitié n'a mieux parlé, jamais l'onction religieuse n'a dicté des pages plus attendrissantes.

Nous citerons quelques fragments de cet écrit, qui couronne si dignement l'œuvre filiale et pieuse de M. de Falloux.

« Aucun désordre dans le salon, aucun meuble hors de sa place, aucun appareil de malade, pas une table qui portât un verre ou un remède. Lorsqu'elle voulait boire, elle faisait sonner Cloppet ou Mme Henri, ou bien faisait un signe à Parisse (la sourde-muette), qui, de près ou de loin, tenait constamment les yeux fixés sur elle. Son petit lit, posé au milieu du salon, semblait là comme pour le repos d'une insignifiante et légère indisposition. Elle ne permettait pas à la douleur de se traduire par un appareil extérieur plus que par un murmure ou par un soupir. »

Le dimanche et le lundi, on l'avait portée

à sa chapelle, et elle y avait reçu la communion... Se croyant seule, elle priait à haute voix, et souvent interrompait sa prière pour adresser à Dieu des paroles d'actions de grâce pleines du plus ardent amour....

Elle disait à ses femmes de chambre : « Quand je force ma voix, ne croyez pas que je m'impatiente, mais c'est que je m'aperçois qu'on ne m'entend plus. »

Le mardi 8 septembre et le mercredi 9 se passèrent dans ces grandes inquiétudes. Vers le soir de ce dernier jour, elle demanda encore une fois l'absolution, et, l'ayant reçue avec l'union la plus visible de foi et de piété, elle demanda si elle pourrait recevoir la communion le lendemain matin, et fixa à sept heures l'heure de la messe. Vers dix heures, tout fit silence autour d'elle. De temps en temps, on entendait : « Mon Dieu, prenez pitié de moi ! » ou quelque autre parole entrecoupée de sa prière. A minuit, elle compta les coups, redemanda l'heure quelquefois ; puis, arrivée à cinq heures et demie, elle dit : « Voici bientôt l'heure de la messe, il faut qu'on me lève. » Quelques instants après, sans aucune autre parole, sans aucun signe de souffrance, elle était dans le sein de Dieu. »

Mᵐᵉ Swetchine a suivi l'exemple de son ami, le comte de Maistre, en choisissant la langue française pour organe de ses pensées, et comme lui, comme son frère, l'auteur du *Lépreux* et du *Voyage autour de ma chambre*, comme Mᵐᵉ de Krüdner, comme Mᵐᵉ Necker, comme Hamilton, comme le suédois Oxenstiern, elle a enrichi la littérature du pays de son adoption. Ce n'est pas qu'elle nous ait choisis pour ses héritiers : elle n'écrivait point pour la postérité, et jamais l'idée de s'adresser au public ne lui était venue. Elle écrivait pour elle-même, relisant peu, détruisant souvent ce qu'elle avait tracé. Après une journée d'étude et de conversation, elle déposait à la hâte sur le papier les pensées que lui avait suggérées les livres et les hommes. Parfois elle suivait un même sujet dans tous ses développements, ainsi qu'elle l'a fait dans son *Traité de la vieillesse* et dans celui de la *Résignation*; d'autres fois, elle jetait ses idées au hasard, selon l'événement ou la lecture qui l'avait préoccupé.

Dans une longue vie, dont tous les instants furent consacrés à la réflexion, au progrès intérieur, elle aurait pu amasser des volumes, qui eussent été le fidèle portrait de son âme aux diverses époques de son existence; mais sa main sévère a détruit la plus grande partie de ce trésor. Madame Swetchine n'a laissé que deux recueils de pensées, le *Traité de la vieillesse*, quelques pages *sur la Résignation*, et des prières, des méditations; petit bagage qui n'a échappé que par miracle à l'arrêt de proscription dont elle frappait ses écrits. Ce ne sont pas les plus gros volumes qui vont le plus droit à l'immortalité : Vauvenargues, la Rochefoucauld n'ont laissé que quelques feuillets ; le génie de Pascal se résume pour nous en deux volumes. Madame Swetchine, qui a du premier la douce mélancolie, du second l'observation pénétrante, et qui a de Pascal la foi avec des vues plus larges et plus réellement chrétiennes, madame Swetchine aura aussi sa place marquée parmi nos penseurs et nos moralistes. Qu'on en juge par ces citations :

« Que notre vie soit pure comme un champ de neige où nos pas s'impriment sans laisser de souillure.

» Qu'est-ce que se résigner ? c'est mettre Dieu entre la douleur et soi.

» Les expressions exagérées font dissonance avec l'idée et blessent les esprits justes.

» Ne le plaignez pas, il est coupable ! Dure et révoltante parole ! Il est coupable ! et c'est là à quoi s'attache ma plus vive, ma plus tendre compassion. L'innocent opprimé par le sort ou par les hommes a deux asiles qui ne peuvent lui manquer : Dieu et sa conscience. Le coupable n'ose lever les yeux vers Dieu qu'il a offensé ; il n'ose descendre en lui-même, où le remords se reproduit sous toutes les formes. Son seul et dernier asile, c'est notre pitié. Ah ! que notre estime, notre admiration soient pour la vertu persécutée ou même triomphante ; mais que nos larmes tombent sur les plaies de la conscience comme l'huile du Samaritain.

» La conscience est l'hôte le plus doux et le plus incommode : c'est la voix qui redemandait Abel à son frère, ou cette harmonie céleste qui retentissait aux oreilles des martyrs pour adoucir leurs souffrances.

» La politesse, chez une maîtresse de maison, consiste à alimenter la conversation et à ne s'en emparer jamais : elle a la garde de cette espèce de feu sacré, mais il faut que tout le monde puisse s'en approcher.

» Ne désirons d'esprit que ce qu'il en faut pour être parfaitement bon, et c'est en désirer beaucoup; car la bonté se compose, avant tout, de l'intelligence de tous les besoins hors de nous, et de tous les moyens d'y pourvoir qui sont en nous-mêmes.

» Le plus coupable des excès de la liberté est de se nuire à elle-même.

» Si l'on mettait toujours à comprendre le temps que l'on met à paraître avoir compris, et à écouter le temps où l'on ne songe qu'à répondre, tout le monde n'y trouverait-il pas son compte?

» Les cœurs aimants sont comme les indigents : ils vivent de ce qu'on leur donne.

» Le don qui ne laisse point de vide, comment laisserait-il une trace?

» Allons toujours au delà des devoirs tracés, et restons toujours en deçà des plaisirs permis. »

Ces diverses pensées, si nobles, si délicates, où la connaissance du monde et celle du cœur jettent leur double lumière, sont dues à la jeunesse de madame Swetchine; elle les a écrites en Russie, vers l'année 1812, et le petit cahier où elle les avait réunies porte le titre modeste d'*Airelles*. L'airelle est un petit fruit qui croît sous les latitudes septentrionales; il mûrit sous la neige, et il n'offre qu'une très-vague et très-faible ressemblance avec la fraise ou la cerise de notre pays. C'était à l'abri de cet humble emblême que madame Swetchine avait placé ses premiers écrits; mais ses airelles mûrissaient et se parfumaient sous l'ardeur de son âme et de cette imagination à la fois si fine et si vive.

Les pensées suivantes, écrites durant l'âge mûr, portent l'empreinte de la profonde transformation opérée dans cette âme, toujours si pure, alors si sainte. A dater de ce moment, la maxime devient souvent une invocation, la réflexion une prière.

« Si l'on me demandait comment je comprends à mon usage le bonheur céleste, je répondrais : Le ciel, c'est aimer en paix. Mon Dieu ! mon sort est entre vos mains ! je l'y mets, je l'y mettrais s'il n'y était pas, je l'y remettrais sans cesse ! Dieu voit tout ! Années accumulées de souffrances, aujourd'hui, puis-je vouloir n'avoir pas souffert !

» Le Dieu des chrétiens est le Dieu des métamorphoses. Vous jetez dans son sein la douleur, vous en retirez la paix : vous y jetez le désespoir, c'est l'espérance qui surnage : c'est un pécheur qu'il a touché, et c'est un saint qui lui rend grâces. La trace du péché originel se retrouve dans toutes les âmes, comme celle du déluge sur les plus hautes montagnes.

» Ne jugez pas, dit le Seigneur. Commandement bien simple dans le monde où il n'y a pas d'innocents pour juger les coupables. »

Comme on sent dans ces pensées, dans ces cris du cœur vers le ciel, que cette âme est désormais possédée par l'invisible, et que, débarrassée des choses de la terre, elle s'élève, elle monte, elle cherche son Dieu. « Qui me donnera les ailes de la colombe? » disait le Psalmiste. On sent cette aspiration dans presque toutes les pensées écrites depuis sa conversion.

La Vieillesse a été l'objet sérieux des méditations de Mme Swetchine, et là encore on sent que ce beau soleil de la foi, qui avait éclairé et dirigé ses brillantes années, dorait et illuminait son couchant.

« Le vieillard sait, dit-elle, et c'est bien quelque chose que de savoir! Avoir vu, durant une longue vie, Dieu ayant toujours raison, pouvoir se dire parfaitement content de lui, admirer sa loi justifiée en tous points, avoir mesuré le néant que l'on quitte, pesé la poussière et entrevu avec certitude les biens que l'on attend, n'est-ce pas aussi quelque chose? La vieillesse, c'est la vie arrivée à son samedi saint, veille de sa résurrection

glorieuse, lendemain de tous les déchirements de la terre, de tous les supplices
de la croix! Quelle bénédiction qu'une vieillesse chrétienne! combien elle opère de développements auxquels on n'atteint ni dans
la jeunesse ni dans l'âge mûr! Cette halte
à la fin de la course permet au voyageur
d'essuyer la sueur qui couvre son front, de
secouer la poussière qui le souille avant
d'entrer dans la salle du festin du Père de
famille. Enlevé par un pouvoir surnaturel,
il quitte les dernières sommités où il était
monté. Il regardait de bas en haut, il envi-
sage face à face; il espérait la réunion, et la
réunion s'opère; il ne méprise ni le monde
ni les biens qu'il abandonne, mais comme
il les voit d'un autre hémisphère, les pro-
portions lui en paraissent changées.

« Toute la vie du vieillard est pleine de
désintéressement : dans ce qu'il commence
tout est grand pour lui, il ne verra le
chêne d'aucune de ses espérances; tout ce

qu'il commence, même s'il l'achève, c'est d'autres qui en jouiront.

» Un grand chagrin pour la vieillesse, c'est que Notre-Seigneur n'ait pas sanctifié cet âge de la vie en le traversant, c'est le seul âge auquel il n'ait pas légué ses exemples. Les enseignements de son enfance, tout silencieux qu'ils sont, n'en sont pas moins instructifs, néanmoins l'Evangile leur donne peu de développements : on dirait que le milieu seul de sa vie est en lumière pour nous apprendre, enfants, qu'il faut nous hâter de devenir des hommes, et plus tard, de devenir des saints!

» Je me recueille, ô mon Dieu, à la fin de ma vie comme à la fin d'une journée, pour vous apporter les pensées d'un cœur qui vous aime, lesquelles ressemblent aux rayons plus intenses et plus colorés avant de disparaître. Vous avez voulu, ô mon Dieu, que la vie fût belle jusqu'au bout! faites-moi croître, reverdir, monter comme la plante qui dresse encore une fois sa tête vers vous avant de donner sa graine, et de mourir! »

Le souffle de l'immortalité est dans ces pages; rarement nous en avons lu de plus consolantes ; et quand madame Swetchine n'aurait laissé que ces pensées sur la vieillesse, ce serait assez pour faire bénir sa mémoire. Mais le *Traité sur la résignation* ajoute à la reconnaissance que lui doivent les cœurs chrétiens; là, comme le disent à bon droit les éditeurs, des traits dignes de la Bruyère, abondent à côté d'élévations dignes de saint Augustin. Malheureusement ce travail, qu'elle avait entrepris pour elle-même, est resté inachevé.

Nous avons cherché, autant que nous l'avons pu, à faire connaître Mme Swetchine dans sa vie et dans ses œuvres, qui réciproquement se commentent et s'expliquent, et nous espérons que cette mémoire vénérée empruntera quelque chose de durable

à la religion qui lui a dicté tant de sacrifices, inspiré de si nobles pages, qui a
donné tant d'humilité à sa vie et tant de
retentissement à sa mort.

MADEMOISELLE EUGÉNIE DE GUÉRIN

Ce nom de Guérin a reçu deux fois le baptême de la célébrité : la première fois, c'était au XIIIᵉ siècle, alors que la France, menacée par la coalition de l'Allemagne et de ses alliés, amena à Philippe Auguste le ban et l'arrière-ban de l'armée féodale. Les troupes rivales se rencontrèrent aux plaines de Bouvines, et l'évêque Guérin fut un des héros de cette grande journée. Il ne combattit pas; mais il demeura constamment aux côtés de Philippe Auguste, excitant les soldats par les chants sacrés qu'il répétait avec ses chapelains, et priant, comme un nouveau Moïse, pour obtenir le secours d'en haut.

Sa fermeté d'âme contribua grandement au succès de la bataille : Guillaume le Breton le chanta dans sa *Philippéide*, et roi et peuple lui témoignèrent à l'envi leur reconnaissance. Il eut des neveux dont la postérité se perpétua sans faire beaucoup parler d'elle. Ses derniers descendants étaient Maurice et Eugénie de Guérin, qui, tous les deux, ont vu luire sur leurs tombeaux le rayon d'une gloire tardive. Eugénie la méritait mieux que son frère, car ses talents supérieurs étaient unis à l'âme la plus pure et la plus dévouée. Maurice chercha inutilement sa voie, il chercha inutilement la fortune et le repos ; il mourut très-jeune, laissant à sa sœur une douleur inconsolable, et n'ayant produit qu'une œuvre médiocre, une espèce de poëme en prose, que les disciples du panthéisme ont loué à l'envi, et dont l'indifférence publique a fait justice. Maurice ne vivra que parce qu'il fut l'objet de la tendresse et des larmes d'Eugénie.

Rien de plus humble, de plus caché que leur vie. Ils étaient nés en Languedoc, dans un vieux manoir, moitié ferme, moitié château, et ils y vivaient, au sein d'une fortune étroite, avec leur père, un autre frère et une autre sœur. Eugénie et Maurice s'étaient aimés particulièrement depuis leur enfance; ils avaient les mêmes goûts, les mêmes aspirations, un talent poétique inné; ils s'entendaient en tout, et pourtant, ils se quittèrent. Emporté par l'inquiétude et l'ambition, Maurice partit pour Paris, et sa sœur, restée seule au château, n'ayant plus le cher confident de ses pensées, se mit à écrire un journal fidèle de ses actions, et surtout de ses pensées. Un seul être devait lire ces pages et respirer le parfum suave de cette âme cachée, et le sort a voulu que ce journal, si soigneusement dérobé à tous les regards durant la vie d'Eugénie, fût, après sa mort, rendu public, et que ses pensées allassent consoler, relever, exhorter d'autres cœurs, isolés aussi peut-être et qui apprendront quel bon usage on peut faire de la solitude. Citons quelques passages de ce *Journal*, qui a donné à Eugénie autant d'amis que de lecteurs.

« J'aime la neige; cette blanche vue a quelque chose de céleste. La boue, la terre nue me déplaisent, m'attristent; aujourd'hui je n'aperçois que les traces des chemins et les pieds des petits oiseaux. Tout légèrement qu'ils se posent, ils laissent leurs petites traces qui font mille figures sur la neige. C'est joli à voir ces petites pattes rouges comme des crayons de corail qui les dessinent. L'hiver a donc aussi ses jolies choses, ses agréments. On en trouve partout quand on y sait voir. *Dieu répand partout la grâce et la beauté.* Il faut que j'aille voir ce qu'il y a d'aimable au feu de la cuisine, des bluettes si je veux. Ceci n'est qu'un petit bonjour que je dis à toi et à la neige, au saut du lit...

» Il m'a fallu mettre un plat de plus pour Sauveur-Roguier, qui nous est venu voir.

C'est du jambon au sucre, dont le pauvre garçon s'est léché les doigts. Les bonnes choses ne lui viennent pas souvent à la bouche : voilà pourquoi je l'ai voulu bien traiter. C'est pour les délaissés, il me semble, qu'il faut avoir des attentions; l'humanité, la charité nous le disent. Les heureux s'en peuvent passer, et il n'y en a pourtant que pour eux dans le monde : c'est que nous sommes faits à l'envers...

» Pas de lecture aujourd'hui; j'ai fait une coiffe pour la petite qui m'a pris tous mes moments. Mais pourvu qu'on travaille, soit de tête ou des doigts, c'est bien égal aux yeux de Dieu, qui tient compte de toute œuvre faite en son nom. J'espère donc que ma coiffe me tiendra lieu d'une charité...

» Trois jours de lacune, mon cher ami. C'est bien long pour moi, qui aime si peu le vide; mais le temps m'a manqué pour m'asseoir. Je n'ai fait que passer dans ma chambrette depuis samedi; à présent seulement je m'arrête, et c'est pour écrire à Mimi bien au long et deux mots ici. Pour le moment, tout est calme, le dedans et le dehors, l'âme et la maison; état heureux, mais qui laisse peu à dire comme les règnes pacifiques. Volontiers je ferais vœu de clôture au Cayla. Nul lieu au monde ne me plaît comme le chez-moi. Oh! le délicieux chez-moi! Que je te plains, pauvre exilé, d'en être si loin, de ne voir les tiens qu'en pensée, de ne pouvoir nous dire ni bonjour ni bonsoir, de vivre étranger, sans demeure à toi dans ce monde, ayant père, frère, sœurs en un endroit! Tout cela est triste, et cependant je ne puis pas désirer autre chose pour toi. Nous ne pouvons pas t'avoir; mais j'espère te revoir, et cela me console. Mille fois je pense à cette arrivée...

« Que les cieux doivent être beaux! c'est ce que j'ai pensé pendant les moments que je viens de passer en contemplation devant le plus beau ciel d'hiver. C'est ma coutume d'ouvrir ma fenêtre avant de me coucher pour voir quel temps il fait, et pour en jouir un moment s'il fait beau. Ce soir j'ai regardé plus qu'à l'ordinaire, tant c'était ravissant, cette belle nuit! Je pensais à Dieu qui a fait notre prison si radieuse; je pensais aux saints qui ont toutes ces belles étoiles sous leurs pieds; je pensais à toi qui les regardais peut-être comme moi. Cela me tiendrait aisément toute la nuit; cependant, il faut fermer les fenêtres à ce beau dehors, et cligner ses yeux sous les rideaux...

» Je ferme saint Augustin, l'âme remplie de ces douces paroles : « Jetez-vous dans le » sein de Dieu comme dans un lit de repos. » La belle idée et le doux délassement que nous trouverions dans la vie, si nous savions, comme les saints, nous reposer en Dieu! Ils vont à lui comme des enfants à leur mère, et sur son sein, ils dorment, ils prient, ils pleurent, ils demeurent. Dieu est le lieu des saints; mais nous, terrestres, nous ne connais-sons que la terre, cette pauvre terre noire, sèche, triste comme une demeure maudite...

» Je viens de me chauffer à tous les feux du hameau. C'est une tournée que nous faisons de temps en temps avec Mimi, et qui a bien ses agréments. C'était aujourd'hui la visite des malades; aussi, avons-nous parlé remèdes et tisanes. « Prenez ceci, faites cela. » Et on nous écoute aussi bien qu'aucun médecin. Nous avons ordonné à un petit enfant, malade pour avoir marché pieds nus, de mettre des sabots; à son frère, couché à plat ventre avec un grand mal de tête, de mettre un oreiller; cela l'a soulagé, mais ne le guérira pas, je crois. Il commence une fluxion de poitrine, et les pauvres gens sont dans leur fumier comme des bêtes dans leur étable; ce mauvais air les empeste. De retour au Cayla, je me trouve dans un palais comparé à cette maison. C'est ainsi qu'en regardant au dehors, je me trouve toujours bien placée.

» Une visite d'enfant me vint couper mon histoire hier; je la quittai sans regret. J'aime autant les enfants que les pauvres vieux. Un de ces enfants est fort gentil, éveillé, questionneur ; il voulait tout voir, tout savoir. Il me regardait écrire, et prenait le *pulvérier* pour du poivre dont j'apprêtais le papier ; puis, il m'a fait descendre ma guitare qui pend à la muraille pour voir ce que c'était ; il a mis sa petite main sur les cordes, et il a été transporté de les entendre chanter : « *Qués aco qui canto aqui?* (Qu'y a-t-il qui chante ainsi ?) » Le vent qui soufflait fort à la fenêtre l'étonnait aussi ; ma chambre était pour lui un lieu enchanté, une chose dont il se souviendra longtemps, comme moi si j'avais vu les palais d'Armide. Mon Christ, ma sainte Thérèse, les autres dessins que j'ai dans ma chambre, lui plaisaient beaucoup, il voulait les avoir et les voir tout à la fois, et sa petite tête tournait comme un moulinet. Je le regardais faire avec un plaisir infini, toute ravie à mon tour de ces charmes de l'enfance. Que doit sentir une mère pour ces gracieuses créatures ? Après avoir donné au petit Antoine tout ce qu'il a voulu, je lui ai demandé une boucle de ses cheveux, lui offrant une des miennes. Il m'a regardée un peu surpris. « Non, m'a-t-il dit, les miennes sont plus jolies. » Il avait raison : des cheveux de trente ans sont bien laids auprès de ses boucles blondes. Je n'ai rien obtenu qu'un baiser. Ils sont doux les baisers d'enfant ; il me semble qu'un lis s'est posé sur ma joue.

» Voilà sous ma plume une petite bête qui chemine pas plus grosse qu'un point sur un I. Qui sait où elle va ? de quoi elle vit ? si elle n'a pas quelque chagrin au cœur ? Qui sait si elle ne cherche pas quelque Paris où elle a un frère ?...

» Depuis deux jours je ne t'ai rien dit, cher Maurice ; je n'ai pu mettre ici rien de ce qui m'est venu en idées, en événements, en craintes, en espérance, en tristesse, en bonheur. Quel livre que tout cela ! Deux jours de vie sont longs et pleins quelquefois, et même tous, si l'on veut s'arrêter à tout ce qui se présente. La vie est comme un chemin bordé de fleurs, d'arbres, de buissons, d'herbes, de mille choses qui fixeraient sans fin l'œil du voyageur; mais il passe. Oh! oui, passons sans trop nous arrêter à ce qu'on voit sur la terre où tout se flétrit et meurt. Regardons en haut, regardons les cieux, les étoiles; passons de là aux cieux qui ne passeront pas.

> Que la terre est petite à qui la voit des cieux!

a dit Delille après un saint, car les saints avec les poëtes se rencontrent quelquefois.... »

Maurice déjà souffrant vint passer quelque temps au Cayla et fut l'objet des tendres soins de sa sœur; mais il part, et Eugénie laisse échapper ces plaintes touchantes :

« Je rentre pour la première fois dans cette chambre où tu étais encore ce matin. Que la chambre d'un absent est triste! on le voit partout sans le trouver nulle part. Voilà tes souliers sous le lit, ta table toute garnie, le miroir suspendu au clou, les livres que tu lisais hier au soir avant de t'endormir, et moi qui t'embrassais, te touchais, te voyais!... Qu'est ce monde où tout disparaît! Maurice, mon cher Maurice, oh! que j'ai besoin de toi et de Dieu! aussi, en te quittant, suis-je allée à l'église, où l'on peut prier et pleurer à son aise. Comment fais-tu, toi qui ne pries pas, quand tu es triste, quand tu as le cœur brisé? Pour moi, je sens que j'ai besoin d'une consolation surhumaine, qu'il faut Dieu pour ami, quand ce qu'on aime fait souffrir.

» Oh! des lettres, des lettres de Paris, une des tiennes! Tu es arrivé bien portant, bien content, bien venu! Dieu soit béni! je n'ai que cela au cœur; je dis à tout le monde: Maurice nous a écrit, il a bien fait son voyage, il a eu beau temps, et cent autres choses qui se présentent. Ces lettres, cette écriture, comme cela fait plaisir! comme le cœur s'y jette et s'en nourrit! Mais après on redevient triste, la joie tombe, le regret remonte, et fait trouver qu'une lettre, c'est bien peu à la place de quelqu'un. On n'est jamais content, toute joie est tronquée. Dieu le veut, Dieu le veut ainsi et que le beau côté qui manque ne se trouve qu'au ciel. Là le bonheur dans sa plénitude, là la réunion éternelle....

» Mon pauvre père! que serais-je sans lui sur la terre?... je ne me suis jamais crue au monde que pour son bonheur, Dieu le sait, car je lui ai consacré ma vie. Jamais l'idée de le quitter ne m'est venue que pour aller au couvent. Encore cette pensée me quitte-t-elle, tant je sens impossible de m'attacher d'ici, d'en sortir même, pour aller avec toi.... hélas! tant de fois je suis en tristesse, je m'alarme. O frères, frères, nous vous aimons tant! si vous le saviez, si vous compreniez ce que coûte votre bonheur, de quels sacrifices on le paierait! O mon Dieu! qu'ils le comprennent et n'exposent pas si facilement leur chère santé et leur chère âme!

» Que tu me fais de peine, que tu m'en fais ! si je pouvais quelque chose à cela ! mais nous nous sommes séparés ! tu me dirais ce que tu as, ce que c'est que cette tristesse que tu as emportée d'ici, le regret de nous quitter ! C'est une peine, mais pas dévorante, et puis quitter des sœurs pour une fiancée, du doux au plus doux, on se console.... Nous verrons, hélas ! nous verrons. J'ai de tristes pressentiments...

» Des hirondelles, oh ! des hirondelles qui passent, les premières que je vois. Je les aime ces annonceuses du printemps, ces oiseaux que suivent doux soleil, chants, parfums et verdure. Je ne sais que pend à leurs ailes qui me fait un charme à les regarder voler ; j'y passerais longtemps.... »

Le journal se poursuit ainsi, empruntant à la nature ses charmes, à la religion sa force, aux sentiments de famille leur suavité ; mais pourtant, au fond de cette âme impressionnable, de cette âme de femme et de poëte, on sent une anxiété constante, une menace de l'avenir toujours dressée, et l'on comprend qu'il faut, ainsi qu'elle l'a dit elle-même, que le sein de Dieu soit son lieu de repos, afin qu'elle puisse supporter les peines que lui cause un frère tendrement aimé. Maurice à Paris, Maurice égaré dans des voies dangereuses, Maurice menacé par une maladie qui ne pardonne pas, Maurice le souci permanent de sa sœur. Elle sentait qu'elle allait le perdre, et quand ce moment affreux arriva, le Dieu bon lui accorda une suprême consolation : ce fut Eugénie qui prépara Maurice à l'éternité, elle eut la joie de le voir mourir en chrétien, et dès lors elle ne vécut plus que les yeux fixés au ciel. Son *Journal*, continué après la mort de Maurice, portait ce titre :

ENCORE A LUI !

A MAURICE MORT, A MAURICE AU CIEL,

IL ÉTAIT LA JOIE ET LA GLOIRE DE MON CŒUR.

QUE C'EST UN NOM DOUX ET PLEIN DE DILECTION

QUE CELUI DE FRÈRE !

Cette partie du Journal est consacrée à raconter, dans les détails les plus touchants, les derniers jours de Maurice; suprême satisfaction d'une douleur inconsolable; monument élevé à la piété fraternelle, et qui devra une vie durable à la sincérité touchante des sentiments qui l'ont dicté.

Il sort de la vie d'Eugénie de Guérin, telle qu'elle l'a tracée elle-même, une grande leçon de force et de résignation. Elle portait un nom historique, et elle sut se contenter d'une position obscure et presque pauvre. Elle possédait tous les dons de l'esprit, et jamais elle ne se plaignit de vivre à la campagne, loin du monde et parmi les paysans; elle avait l'âme la plus aimante, elle eût été la plus digne épouse et la plus tendre mère; elle vieillit dans le célibat, et sut trouver, dans les affections de famille de quoi remplir son cœur. Dieu l'avait voulue oubliée, pauvre, vieille fille; elle le voulut aussi, et ne se plaignit jamais d'un sort qui pouvait paraître sévère. Sous ce rapport, son livre est un grand enseignement ; nous ajouterons qu'il est de la lecture la plus attrayante et la plus pure.

FIN

TABLE

— LILLE. TYP. L. LEFORT. MDCCCLXVII. —